STILLEN UND ERNÄHRUNG DER STILLENDEN MUTTER

Bedarfsorientierte Ernährung für Mutter und Kind

Wibke Bein-Wierzbinski

Frühstück | Mittagessen | Zwischenmahlzeit | Abendessen

Aller Anfang ist schwer – aber es lohnt sich!

Von vielen Müttern hört man im Nachhinein, wie schön die Zeit des Stillens gewesen sei – die innige Nähe zum Kind, die beruhigende Wirkung, das beglückende Gefühl, welches man als Mutter durch das Stillen erfährt und die gespürte enge Zweisamkeit. Ja, es ist eine schöne Zeit gewesen!

Nur, denkt man an die ersten Stillversuche zurück und an die ersten Tage und Wochen nach der Geburt, dann kann man sich noch bruchstückhaft an Zeiten erinnern, die enorm anstrengend waren. Aus heutiger Sicht weiß man eigentlich nicht mehr genau, wie man diese ganzen neuen Aufgaben und körperlichen Umstellungen alle gewuppt hat. Dauernuckeln, wunde Brustwarzen, Milchstau, extremer Schlafentzug, ständiges Dasein für das Kind (als gäbe es nur die Mutter alleine, die sich um das Neugeborene kümmern müsste), wie angenagelt bzw. angedockt sitzen bleiben „müssen", manchmal über Stunden, da das süße Wesen beim Stillen eingeschlafen war und man es nicht stören mochte und die eingekehrte Ruhe einem selbst auch gut tat.

Allen Müttern, die sich in der zum Teil schwierigen Anfangsphase befinden, möchte ich Mut und Kraft zusprechen, diese durchzustehen. Spätestens nach einem Monat, wenn die Vormilch, das Kolostrum, zu reifer Muttermilch geworden ist, sieht die Welt schon wieder ganz anders aus. Die einzelnen Stillphasen werden mit der Zeit wesentlich kürzer, die Brustwarzen sind nicht mehr so empfindlich, das Ansaugen ziept nicht mehr und man hat auch bald den Dreh `raus, selbst wieder am normalen Familienleben teilhaben zu können. Mutter und Kind sind dann ein eingespieltes Team.

In dieser wichtigen Phase des sich einander Gewöhnens ist es besonders wichtig, dass der Mutter der Rücken von Hausarbeit und anderen Pflichten frei gehalten wird und sie sich „nur" um das Neugeborene und um sich selbst zu kümmern hat. Als Mutter sollte man die Zeit des Wochenbetts ruhig ein gutes Stück wörtlich nehmen. Es gibt nichts Schöneres, als sich mit seinem neugeborenen Kind zusammen im erweitertem Bett von der Geburt zu erholen und sich von den anderen Familienmitgliedern (Vater und Großeltern des Neugeborenen und evtl. ältere Geschwister) mit frischem Essen und Trinken verwöhnen zu lassen. Wenn man in dieser Anfangsphase ausreichend Ruhe bekommt und schlafen kann, wenn das Neugeborene auch schläft, weil man sich um nichts anderes zu kümmern hat, wird man sich recht schnell von der Geburt erholen und das Stillen wird schnell als etwas Wundervolles empfunden werden.

STILLEN HAT VIELE VORTEILE

Optimale Ernährung für das Kind

In ihrer natürlichen Zusammensetzung ist Muttermilch besonders geeignet für die Ernährung des heranwachsenden Kindes. Muttermilch ist reich an gut verdaulichen Aminosäuren, Kohlenhydraten, Fetten, Vitaminen, Mineralien, Spurenelementen und das Immunsystem fördernden Substanzen. Durch ständiges Anpassen der Muttermilch an die Bedürfnisse des heranwachsenden Kindes sind in der Regel weder zusätzliche Wasser- noch Nährstoffgaben notwendig bzw. sinnvoll, da Muttermilch alles beinhaltet, was das Kind zum gesunden Wachstum und für die Entwicklung benötigt – und zwar ganz individuell in Abhängigkeit vom Alter des Kindes, der Jahreszeit und dessen Bedarf. Die gelblich dickliche Vormilch in den ersten Tagen und Wochen ist beispielsweise in ihrer Zusammensetzung viel proteinhaltiger als die reife Muttermilch. Im Sommer ist Muttermilch wässriger als im Winter. Auch zu Beginn einer Stillmahlzeit ist sie wässriger und löscht den Durst des Kindes als am Ende, wo die sogenannte Hintermilch fett- und energiereicher ist. Industriell hergestellte Säuglingsmilchnahrung einer Marke weist dagegen immer die gleichen Nährstoffkonzentrationen auf – unabhängig vom Alter des Kindes, vom Wetter oder von der Stilldauer.

Geschmacksprägung durch Aromenvielfalt

Über die Muttermilch bekommt der Säugling in Abhängigkeit von den einzelnen Lebensmitteln und Gewürzen, die die Mutter zu sich genommen hat, ganz unterschiedliche Geschmäcker dargeboten. Die Aromen der Lebensmittel gehen in die Muttermilch über. Fertigmilchnahrung hingegen weist immer den gleichen Geschmack auf. Das Stillen sorgt für eine gute Geschmacksprägung beim sich entwickelnden Kind. Nahrungsmittel, die die Mutter während der Stillphase zu sich genommen hat, isst das Kind bei der Beikosteinführung besonders gerne.

Immunschutz durch Stillen und Aufbau des Immunsystems

Stillen wirkt besonders gut auf das Immunsystem des Säuglings ein. Da das Immunsystem mit der Geburt noch nicht vollständig entwickelt ist und erst im Laufe der Zeit durch Kontakte mit der Umwelt stabilisiert wird, kann es mit der Muttermilch Immunglobuline der Mutter direkt aufnehmen. Die Mutter gibt sowohl Antikörper aus früheren Infektionskrankheiten (Scharlach, Grippe etc.) als auch aus aktuellen Erkrankungen über die Milch weiter. Auf diese Art und Weise wird der Säugling vor Ansteckung geschützt.

Besonders in der Vormilch, dem Kolostrum, sind überaus viele lebende Immunzellen vorhanden, die das Neugeborene im ersten Lebensmonat besonders gut vor Krankheitserregern schützen.

Für die Immunabwehr spielt eine gesunde Darmflora eine große Rolle. Es wird davon ausgegangen, dass rund 70% der Zellen unseres Immunsystems sich im Darm befinden. Inhaltsstoffe der Muttermilch, wie z.B. die Fettsäure Linolsäure sowie bestimmte unverdauliche Kohlenhydrate (Oligosaccharide) begünstigen die Reifung der Darmflora und bauen zusätzlichen Infektionsschutz auf, indem sie im Darm die Verbreitung von gesundheitsfördernden Bakterien (Bifidusbakterien und Laktobazillen) fördern. Bifidusbakterien befinden sich vermehrt im Dickdarm des gestillten Säuglings. Dort scheiden sie Substanzen aus, die die Verbreitung krankmachender Keime verringern. Eine bifidusdominante Darmflora kann vor Infektionen und Allergien schützen. Zusätzlicher Schutz vor krankmachenden Keimen entsteht durch die Produktion von Milchsäure und Essigsäure im Darm. Das saure Darmmilieu wirkt antibakteriell. Der für gestillte Säuglinge typische, leicht säuerlich nach Joghurt riechende Stuhl zeugt von einer gesunden Darmflora. Zudem wirken die unverdaulichen Oligosaccharide wie flüssige Ballaststoffe und halten den Stuhl weich und breiig, so dass der Säugling gut abführen kann.

Ebenso erhöht das in Muttermilch vorkommende Laktoferrin den Schutz vor Ansteckung. Laktoferrin fungiert in der Muttermilch zum einen als Enzym (Protease) und zum anderen als eisenbindendes Protein, welches die Aufnahme des Eisens aus der Muttermilch verbessert. Als Protease schützt Laktoferrin vor Infektionen der oberen Atemwege (Nase, Rachen, Luftröhre) und schützt vor Bronchitis und Lungenentzündung sowie auch vor Hirnhautentzündungen, die durch den weit verbreiteten Erreger Haemophilus influenzae verursacht werden können.

Grundsteinlegung für eine gute Beziehung zwischen Mutter und Kind

Ein wesentlicher Vorteil beim Stillen ist sicherlich auch die enge Beziehung zwischen Mutter und Kind, die durch Oxytocin-Ausschüttung während des Stillvorgangs bei der Mutter und über den engen Körper- und Hautkontakt auch beim Säugling unterstützt wird. Oxytocin wird daher umgangssprachlich auch als Bindungshormon bezeichnet. Die erhöhten Oxytocin-Werte bei Mutter und Kind führen zu einer stabilen Bindungsfähigkeit und legen den Grundstein für eine normale psycho-soziale Entwicklung beim heranwachsenden Menschen.

Bindungshormon Oxytocin – Die Wirkungsweise bei der Mutter

Das Hormon Oxytocin wird im Hypothalamus, einem Teil des Zwischenhirns, produziert. Von dort aus wird es an die Hirnanhangdrüse weitergeleitet und gespeichert. Sobald das Kind anfängt, an der Brust zu saugen bzw. durch Schreien der Mutter signalisiert, dass es Hunger hat, wird bei ihr Oxitocin in die Blutbahn freigesetzt und gelangt auf diesem Wege zu den Milchdrüsen. Durch Muskelkontraktionen wird der Milchspendereflex ausgelöst und die Milch fängt an zu fließen. In den ersten Tagen nach der Geburt lässt sich die muskelkontraktierende Wirkung des Oxytocins in Form von Nachwehen bei der Rückbildung der Gebärmutter zum Teil sehr deutlich spüren.

Oxytocin wirkt zusätzlich auch als Botenstoff im Zentralnervensystem. Dort beeinflusst es physiologische Vorgänge, wie z.B. den Gemütszustand, den Blutdruck und die Wachheit. Es beeinflusst bei gleichzeitiger Reduzierung des Stress-Hormons Cortisol die Stimmung der Mutter. Das Stressempfinden weicht einem angenehmen, positiv gestimmten Gefühl mit Wohlwollen und Zuneigung. Diese emotionale Wirkung des Hormons ermöglicht trotz der sehr anstrengenden Anfangszeit ein positives Gefühl bei der Mutter und verstärkt die emotionale Bindung an ihr Neugeborenes.

Wirkung von Oxytocin auf das Neugeborene

Direkter Hautkontakt zwischen Mutter/ Vater und Kind bewirkt nicht nur bei den Erwachsenen, sondern auch beim Neugeborenen eine verstärkte Ausschüttung von Oxytocin in die Blutbahn sowie auch eine verstärkte Produktion des Hormons im Nervensystem. Es führt zu einer Beruhigung des Herzschlag, löst emotionale Spannungen und vermittelt ein Gefühl der Verbundenheit. Das hat zur Folge, dass der Hautkontakt unmittelbar nach der Geburt innerhalb der ersten Stunden beim Neugeborenen zu einem deutlich verringertem Schreiverhalten führt als bei Kindern, die in den ersten Stunden getrennt von ihrer Mutter sein mussten.

Besonders wirkungsvoll ist der enge Hautkontakt zwischen Mutter und Kind beim Stillen. Auch später ist bei älteren Kindern, die parallel zur Beikosteinführung weiterhin gestillt werden, zu beobachten, dass sie mit ihren Fingern immer wieder versuchen, Hautkontakt im Brustbereich herzustellen, indem sie mit ihrer Hand in den Ausschnitt der Mutter greifen. Lässt man als Mutter diesen Kontakt zu, spürt man, wie schnell eine kalte Kinderhand während des Stillens wohlig warm werden kann. Es gibt wohl kaum eine bessere Methode, die Durchblutung der Hände und Füße beim Säugling zu verbessern, als durch Stillen. Mit der eigenen Wärmeregulation sind Mütter und wahrscheinlich auch Väter unter Oxytocineinfluss in der Lage, die Körpertemperatur beim jungen Kind zu regulieren. Weist das Kind eine zu hohe Temperatur auf, senkt der Erwachsene durch Hautkontakt mit dem Kind seine eigene Hauttemperatur im Brustbereich um ein Grad Celsius und kühlt somit das Kind. Bei zu niedriger Körpertemperatur des Kindes geschieht die Wärmeregelung durch Erhöhung der eigenen Hauttemperatur ebenso.

Kann ein Kind nicht gestillt werden, sollte man bei der Flaschenfütterung versuchen, dem Kind dennoch Hautkontakt zu ermöglichen. Auch der Vater kann durch Hautkontakt mit dem jungen Kind die Bindungsfähigkeit beim Kind und bei sich selbst zu dem Kind stärken.

Durch die kontinuierliche Zuneigung der Mutter oder einer anderen Bezugsperson zu dem Säugling entwickelt das Kind in den ersten Lebensmonaten eine stabile Bindung zu ihr, was auch hirnorganisch von Bedeutung ist. Die von Geburt an vorhandenen Oxytocin-produzierenden Zellen im Hypothalamus bleiben erhalten. Bei „Nicht-Benutzung" hingegen werden sie in ihrer Anzahl reduziert. Sofern das noch sehr junge Kind in den ersten Monaten keine enge Beziehung zu einer Bezugsperson aufbaut, kann es zu lang anhaltenden Veränderungen kommen. Anstelle der Bereitschaft soziale Bindungen einzugehen, nimmt die Wirkung des Stresshormons Cortisol beim Kind zu. Anstelle der stressmindernden Wirkung von Oxytocin kommt es nun zu einer erhöhten Stressanfälligkeit. Bei diesen Kindern ist zu beobachten, dass sie auch im späteren Leben weniger bereit sind, eine feste Bindung einzugehen.

Saugen – ein Muskeltraining für die Zungen- und Kiefermotorik sowie für die Sprechmuskulatur und für die Mimik

Ganz nebenbei trainiert das an der Brust saugende Kind seine Zungen-, Rachen-, Kiefer- und Gesichtsmotorik sowie die Muskelgruppen im Nacken, die den Kopf in Position dabei halten (s. S. 16, Stillen mit Kopfwenden/ Selbstversuch). Nach und nach wird der Unterkiefer weiter nach vorn gearbeitet. Das anstrengende Muskeltraining wirkt zudem wachstumsanregend auf Ober- und Unterkiefer. Zunge und Brustwarze wirken zusammen kieferformend. Durch das Saugen und Schlucken werden die Sprechmuskulatur und die Mimik optimal trainiert. Es kommt zu einem aufeinander abgestimmten Zusammenspiel der Zungen- und der Kiefermotorik sowie der Gesichts- bzw. Wangenmotorik. Die Steuerung der einzelnen Muskeln wird zuerst beim Saugen, Schlucken und Atmen benötigt und später zusätzlich beim Abbeißen, Kauen, Sprechen, Pfeifen, Küssen und bei der Mimik. Voraussetzung für ein effektives Saugen an der Brust ist der Lippenschluss in Ruhestellung und beim Schlucken. Das bedeutet, dass in Ruhestellung die Lippen aufeinander liegen und der Mund geschlossen ist. Beobachtet man beim jungen Kind einen fehlenden Lippenschluss, so dass ständig der Mund offen steht, kann dieses ein Zeichen für orofaziale Schwierigkeiten sein, die mit Stillschwierigkeiten einhergehen können. Häufig zu beobachten sind diese Schwierigkeiten bei Kindern, die unter der Geburt Zerrungen und andere Verletzungen in der Nackenmuskulatur und/ oder Kopfgelenksdysfunktionen aufweisen (s. S. 38). Osteopathische Hilfe sollte in Anspruch genommen werden. Auch ist eine Vorstellung des Kindes in einer PäPKi®-Beratungspraxis sinnvoll.

VORTEILE BEIM STILLEN FÜR DIE MUTTER

- Nahrung für das Kind ist immer dabei.
- Keine zusätzlichen Kosten für Säuglingsmilchnahrung.
- Keine Schwierigkeiten bezüglich Hygiene, Temperatur, Menge.
- Gute Gewichtsreduzierung und Rückbildung des Körpers nach der Geburt.
- Stillende Mütter erkranken seltener an Infektionen während der Stillzeit als nicht stillende Frauen.
- Stillen wirkt risikosenkend in Bezug auf Brust- und Eierstockkrebs sowie Osteoporose-Erkrankungen im Alter.
- Das Saugen an der Brust bewirkt eine verstärkte Ausschüttung von Oxytocin:
  - 1. löst Kontraktionen in der Gebärmutter/ Stillwehen aus, so dass es schneller zur Rückbildung der Gebärmutter kommt, zum Abstoßen von Wundsekret und zur Blutstillung.
  - Einhergehend kann einer Blutarmut und einer Eisen-Unterversorgung entgegen gewirkt werden.
  - 2. Oxytocin fungiert als Bildungshormon: Mutter baut ein besonders inniges Verhältnis zum eigenen Kind auf.
- das Saugen an der Brust führt zu einer verstärkten Ausschüttung von Prolaktin, einem Hormon, welches bei der Mutter Gelassenheit produziert.
- Ernährungsungleichgewichte beim Kind (z.B. in Form von Neugeborenenakne, Grind/ Gneis, Unruhezustände oder Neurodermitis) können z.T. über die Ernährung der Mutter ausgeglichen werden bzw. den auftretenden Symptomen entgegen gewirkt werden.
- die investierte Zeit ist wie ein Guthaben, das sich zeitlebens verzinst:
  - durch die Bindung an das Kind sowie durch die emotionale und körperliche Stärkung des Kindes kann die Erziehung des Kindes erleichtert werden.

NACHTEILE BEIM STILLEN FÜR DIE MUTTER

- **Zeitfaktor:** Anfängliches Stillen benötigt Zeit und Ruhe.
- **Anwesenheit der Mutter ist Voraussetzung:** Zuvor abgepumpte oder gar tiefgefrorene Muttermilch kann in Ausnahmefällen dienlich sein, sollte aber nicht zu häufig gefüttert werden, da die Qualität der Milch gemindert wird.
- **Mutter muss auf die eigene Ernährung und auf das Konsumverhalten achten:**
  - Das Kind isst alles mit – auch Alkohol, Kaffee, Nikotin, Medikamente...
  - Der zusätzliche Bedarf an Vitaminen und Mineralstoffen in der Stillzeit ist höher als der Energiebedarf → bedarfsorientierte Ernährung mit Nahrungsmitteln, die den individuellen Bedarf von Mutter und Kind decken können, ist sinnvoll.

VORTEILE BEIM STILLEN FÜR DAS KIND

- Optimale Versorgung mit gut verdaulicher Nahrung in den ersten Lebensmonaten; keine unverdaulichen Eiweiße bzw. Aminosäuren, die die noch unreife Darmwand verkleben und zu Blähungen, Entzündungen, Allergien oder Nahrungsmittelunverträglichkeiten führen können.
- Muttermilch weist anti-allergene Wirkung auf, wenn mindestens vier Monate vollgestillt wird.
- Geschmacksprägung auf Nahrungsmittel, die man selbst gern isst durch Aromenvielfalt aus der mütterlichen Nahrung.
- Immunschutz und Aufbau des Immunsystems
- Gestillte Kinder erkranken seltener an Infektionen des Magen-Darm-Traktes, der Harnwege, der Luftwege, des Mittelohrs und an Neurodermitis.
- Enger Körperkontakt bewirkt Oxytocin–Produktion und Ausschüttung im kindlichen Gehirn:
  - Aufbau einer soliden Bindung zur Mutter
  - Bereitschaft soziale Bindungen einzugehen
  - stressmindernde Wirkung durch Reduzierung der Wirkung des Stresshormons Cortisol.
  - hirnorganischer Langzeiteffekt: auch im späteren Leben sind gestillte Kinder besser in der Lage, eine feste Bindung einzugehen und stressresistenter zu sein, als nicht oder nur sehr kurz gestillte Kinder.
- Gaumen- und Kieferentwicklung werden positiv beeinflusst, so dass späteren Kieferfehlstellungen entgegen gewirkt wird.
- Gesichts- und Zungenmuskulatur wird gestärkt, so dass Mimik trainiert und logopädischen Auffälligkeiten entgegen gewirkt wird.
- Hals- und Nackenmuskulatur wird gestärkt, so dass geringere Bereitschaft besteht, Kopfgelenksdysfunktionen zu entwickeln.
- gestillte Kinder zeigen später weniger Verhaltensauffälligkeiten und Lernschwierigkeiten als nicht gestillt Kinder.
- Stillen führt zu einer normalen Gewichtsentwicklung und beugt späterem Übergewicht vor.

Stillen von Anfang an

AUF DEN BEGINN KOMMT ES AN!

Möglichst gleich nach der Geburt bevor das Kind gewaschen und vermessen wird, ist ein unmittelbarer Hautkontakt von Mutter und Neugeborenem besonders empfehlenswert. Nach einer kurzen Erholungsphase versucht das Kind mit primitiven Kriechversuchen, sich in Richtung der Brust zu bewegen, was den meisten Neugeborenen auch gelingt. In der Nähe der Brust beginnt das Neugeborene mit suchenden Hin- und Herbewegungen, die Brustwarze der Mutter zu erreichen. Kommt es beim Kind zu Berührungen in der Lippen-Wangenregion durch die Brustwarze, öffnet es den Mund und „umgreift“ mit den Lippen und Kiefern die Brustwarze. Hierbei ist es wichtig, dass die Brustwarze gleich recht tief in den Mund hineinreicht, damit die beginnenden Saugbewegungen auch zum Erfolg führen (s. richtiges Andocken). Das Kind trinkt die ersten Tropfen Vormilch. Ein geglückter Start zum Stillen ist gemacht. Man geht davon aus, dass ein **erstes Anlegen innerhalb der ersten zwei Stunden nach der Geburt sich besonders günstig auf das Stillverhalten auswirkt.** Der Erstkontakt unmittelbar nach der Geburt kann als Grundstein für das Stillen angesehen werden.

Nach komplizierten Geburtsverläufen, nach denen das Kind oder die Mutter intensiv-medizinisch betreut werden müssen, verläuft der Stillbeginn meist nicht so optimal. Dennoch ist es meist möglich, das Kind zu stillen, auch wenn man dazu vielleicht ein wenig mehr Geduld und Muße aufbringen muss.

Beim Stillen ist es wichtig, dass Mutter und Kind zusammenwirken, damit es für beide eine wunderschöne und im wahrsten Sinne eine befriedigende Zeit wird. Ein korrektes Anlegen bzw. Andocken des Kindes an der Brust ist von besonderer Bedeutung, damit es nicht zu Schmerzen kommt, wie z.B. aufgrund von wunden Brustwarzen. Zu Beginn des Stillens sind die Brustwarzen noch recht empfindlich. Auch das Ansaugen und Auslösen des Milchspendereflexes kann in den ersten drei bis vier Wochen ganz schön ziepen. Das Saugen an sich sollte dann jedoch nicht mehr unangenehm sein.

Damit es gar nicht erst zu Unwohlsein und zu Schmerzen beim Stillen kommt, sind folgende Informationen zum Andocken und zu unterschiedlichen Stillpositionen hilfreich. Scheuen Sie sich nicht, die Hilfe Ihrer Hebamme oder Stillberaterin dabei in Anspruch zu nehmen.

Richtiges Andocken

Damit die empfindlichen Brustwarzen beim Stillen nicht wund werden, ist es sehr wichtig, dass sie sich während des Milchsaugens an der richtigen Stelle im Mund des Kindes befinden – und zwar weit hinten im Mund auf Höhe des weichen Gaumens. Das richtige Positionieren der Brustwarze im hinteren Bereich des

Kindermundes gelingt einem, wenn man in den ersten Tagen evtl. Wochen das Kind beim Andocken an die Brust unterstützt. Sobald es den Mund weit geöffnet hat, führt/ drückt man das Köpfchen des Kindes zusammen mit den Schultern mit Gefühl aber dennoch bestimmt an die eigene Brust heran – so weit heran, dass automatisch Brustwarze und -hof im weit geöffneten Mund „verschwinden". **Das Kind hat beim korrekten Andocken den ganzen Mund voll mit Brustwarzenhof und Brustwarze.** Der Mund ist weit geöffnet, die Wangen pausbackig und nicht eingezogen und die Lippen wirken wie bei einem Fischmund etwas nach außen aufgeschürzt. Beim Stillvorgang drückt das Kind nun mit seinen harten Kauleisten und der Zungenspitze auf den unempfindlicheren, weichen Brustwarzenhof und drückt dabei Milch heraus. Von außen können Sie beobachten, wie sich der Unterkiefer auf und ab bewegt. Bei manchen wackeln sogar die Ohren dabei. Mit dem weichen Gaumen und dem hinteren Zungenbereich vollführt es Saug- und Schluckbewegungen, so dass es zu einem gelungenen Wechselspiel zwischen Herausdrücken und Saugen der Milch mit anschließendem Schlucken kommt. **Die Brustwarze wird dabei nicht von der Zungenspitze bearbeitet, sondern ausschließlich der dabei entstehende Unterdruck im Mund des Kindes durch die koordinierten Zungen- und Rachenbewegungen führen zum „Abpumpen" der Milch bzw. zum Saugen.**

Sie können den Unterschied der Zungenfunktion mit Ihrem eigenen Finger als „Brustwarzenersatz" einmal ausprobieren. Zunächst stecken Sie nur die Fingerkuppe in Ihren Mund und tun so, als ob Sie Milch saugen wollten. Dabei wird die Fingerkuppe recht stark von Ihrer Zunge bearbeitet und gerieben. Eine empfindliche Brustwarze würde dadurch sehr gereizt und wund werden. Nun stecken Sie ihren Finger weiter in Ihren Mund hinein bis nur noch ein kleiner Teil ihres zweiten Fingerglieds zu sehen ist. Wenn Sie nun Saugbewegungen durchführen, bleibt Ihre Fingerkuppe davon völlig „unberührt". Und so muss es auch beim echten Stillen sein.

Das richtige Positionieren gelingt, wenn man dafür sorgt, dass der Brustwarzenhof beim Andocken nicht zu groß bzw. zu prall gefüllt ist, damit das Kind ihn mit seinem Mund „erfassen" kann. Hierzu kann man mit seiner Hand im so genannten **C-Griff** den Brustwarzenhof etwas flach drücken. Der eigene Daumen liegt oben auf und die restlichen Finger stützen die Brust von unten. Unmittelbar beim Andocken drückt man den Brustwarzenhof etwas flach. Zu beachten ist, dass die eigenen Finger nicht zu weit vorne positioniert sind, damit sie nicht im Mund des Kindes landen. Beim Trinken kann die Hand die Brust etwas stützen, jedoch soll nun kein Druck mehr ausgeübt werden.

Bei starkem Milcheinschuss kann es auch sein, dass der zu prall gefüllte Brustwarzenhof zunächst etwas geleert werden muss – manuell oder mit Hilfe einer Milchpumpe (s. S. 31, Abhilfe wunde Brustwarzen).

Als Stillanfängerin macht man gerne den Fehler, das Kind direkt an der Brustwarze saugen zu lassen, was unmittelbar zu Hautabschürfungen und Schmerzen im Bereich der Brustwarze führen kann. Das Verhalten ist verständlich, da die mütterliche Brust durch die Schwangerschaft und evtl. durch den schon vorhandenen Milcheinschuss im Vergleich zum kleinen Kopf des Säuglings so riesig wirkt, dass man sich scheut, die Brustwarze zusammen mit dem dunkel pigmentierten Brustwarzenhof im Mund des Kindes zu haben. Zum Teil wirkt es so, als ob das Kind auch gar keine Luft bekommen könnte, da die kleine Kindernase dabei an die Brust stößt und teilweise sogar verdeckt wird. Schnell merkt man jedoch, dass das Kind dabei atmen kann und ein rhythmisches Wechselspiel zwischen Kieferbewegung, Schlucken und Atmung stattfindet. **Sofern das Kind zu wenig Luft bekommen sollte, kann man den Po des Kindes näher an den eigenen Körper heranziehen, so dass der Winkel des Kopfes zur Brust verändert und die Nase wieder frei wird.** Weniger gut ist es, das eigene Brustgewebe im Bereich der Kindernase über längere Zeit einzudrücken, da dort Milchgänge gestaut werden können und es zu einem entzündlichen Milchstau (s. S. 33) kommen kann.

STILLHÄUFIGKEIT

Die Regel „alle drei Stunden" ist zum Glück heute nicht mehr als Maßvorgabe von Wichtigkeit. In der Anfangszeit wird sich Ihr Kind alle zwei bis drei Stunden melden. Zu Beginn des Stillens ist es sinnvoll, nicht auf die Uhr, sondern auf die Bedürfnisse des Kindes und evtl. auch bei Milchstaugefahr auf die eigenen Bedürfnisse zu achten.

Schon bei den ersten Anzeichen für Hunger sollten Sie mit Stillen reagieren. Erste Anzeichen sind schmatzende Geräusche, Brust suchende Hin- und Herbewegungen mit dem Kopf, Benuckeln der Finger, Saugen an den Fingern oder am Kuscheltier sowie Unruhe. Durch das schnelle Reagieren merkt es, dass es verstanden wird und man auf seine Bedürfnisse eingeht. Wenn das Kind erst einmal völlig außer sich ist und vor Schreien bebt, wird das Anlegen nicht leichter!

In der Regel wird das junge Kind mit diesem Vorgehen pro Tag zwischen 8 bis 12 Mal gestillt. Da der Magen anfänglich noch sehr klein ist, sind diese häufigen Stillmahlzeiten notwendig. Mit der Zeit werden die „Portionen" der Stillmahlzeiten größer und die Abstände dazwischen länger.

Zwischen zwei Stillmahlzeiten kann pro Tag eine längere Pause liegen von bis zu 5 Stunden, in denen das Kind nicht angelegt wird, sofern es dabei friedlich ist, nicht Hunger signalisiert und es zuvor zwei ausführliche Stillmahlzeiten hatte.

MÖGLICHE GRÜNDE FÜR „DAUER-NUCKELN“ AN DER BRUST

Wenn das Kind durch immer wiederkehrende Unruhe signalisiert, dass es in sehr kurzen Abständen an die Brust möchte, kann das unterschiedliche Ursachen haben. Zum Einen kann es tatsächlich mehr Nahrungsenergie benötigen: Da Säuglinge in recht kühlen Räumen schlafen sollen (17° bis 19°C Zimmertemperatur), kann durch empfundene **Kühle und Wärmeverlust**, z.B. über den Kopf, das Kind immer wieder erneut Nahrungsenergie benötigen, so dass es am liebsten „Dauer-Nuckeln“ machen würde. Eine Kopfbedeckung sowie ein wärmender Schlafsack helfen schnell, den Wärmeverlust zu minimieren. Zusätzlich kann man als stillende Mutter auch vermehrt auf die Aufnahme von Vitamin B5 (Pantothensäure) achten, beispielsweise in Form von Haferflocken und Popcorn. Vitamin B5 geht in die Muttermilch über und sorgt für eine gute Wärmeregulierung.

Zum anderen können auch **Missempfindungen in der Nackenregion,** wie sie beispielsweise bei Kopfgelenksdysfunktionen (s. S. 38) empfunden werden, dazu führen, dass das Kind versucht, die Irritationen in der Nackenregion zu überdecken. Durch Stillen werden die Muskeln (kurze Nackenstrecker) um das Kopfgelenk stark beansprucht. Meist saugen diese Kinder nur kurz an der Brust, saugen dabei nur die wässrige Vormilch heraus und schlafen dann erschöpft ein. Da Vormilch aber weniger sättigend ist als eiweißreiche Nachmilch, reicht die Energiemenge nur für kurze Zeit, so dass in schneller Frequenz „Nachschub“ benötigt wird. Häufig fangen diese Kinder auch schnell an zu schreien. Durch das Schreien schlucken sie Luft, die zu schmerzenden Blähungen führen kann, was wiederum das Bedürfnis nach Nähe und Geborgenheit verstärkt, so, wie sie es beim Stillen erlangen. **Es entsteht ein Teufelskreis mit zu kurzen Stillphasen in zu kurzen Abständen, der durch Unwohlsein, zu kurzen Ruhephasen und Verdauungsstörungen geprägt wird.**

Und umgekehrt können auch Verdauungsstörungen zu Verspannungen in der Nackenregion und schließlich zu Kopfgelenksdysfunktionen führen. Blähungen, ein angespannter Bauch sowie Störungen der Leberfunktion können sich bis in die Schulter-Nackenregion in Form von muskulären Verspannungen auswirken. Tönnies konnte beobachten, dass durch hohen Zuckerkonsum bei gleichzeitig geringer **Magnesiumaufnahme** Verdauungsstörungen in Form von Blähungen entstehen. Magnesium benötigt der Körper zur Regeneration bzw. zur Erholung. Auch ein **Vitamin C-Mangel** der Mutter wirkt sich auf das Kind

aus in Form von Blähungen, die meist am Nachmittag zu beobachten sind. Ebenso kann ein **Chrom-Überschuss** zu Verdauungsstörungen führen (s. S. 72, Neurodermitis).

Um den **Teufelskreis „Verdauungsstörungen-Nackenverspannungen"** zu durchbrechen, ist es wichtig, mögliche Kopfgelenksdysfunktionen zeitnah (!) beheben zu lassen (s. S. 41, Adressen). Gleichzeitig sollte die stillende Mutter auf ihre eigene Ernährung achten (s. S. 83), da Mikronährstoffe in ihren Konzentrationen in Abhängigkeit vom mütterlichen Ernährungszustand variieren können. Morgens ist es wichtig, dass **langkettige Kohlenhydrate** (Vollkornbrot, Hülsenfrüchte) gegessen werden, die u.a. genügend **Vitamin B6** beinhalten, um den Nacken zu entspannen. Zusätzlich ist am Morgen die Magenfunktion am stärksten, so dass es günstig ist, **tierisches Eiweiß** (Ei, Wurst, Hähnchenschenkel, Käse) zu essen in Kombination mit ein wenig natürlichem **Vitamin C** (gelbe Grapefruit, Johannisbeeren). Der Magen ist dann ausreichend stark, um Eiweiß gut für die Verdauung im Darm vorzubereiten, so dass es dort dann nicht zu Fäulnisprozessen mit einhergehenden Blähungen kommt. Gegen Nackenverspannungen bzw. gegen Kopfgelenksdysfunktionen hilft auch **Kalzium**, welches man aus Hartkäse gut aufnehmen kann. Und am Abend sind neben langkettigen Kohlenhydraten auch grünes Gemüse (Gurke, Brokkoli, Kohlrabi) zu empfehlen, welches reich an **Magnesium** und zusammen mit etwas Fett zur Regeneration notwendig ist. Ausführliche Essensvorschläge finden Sie ab Seite 89.

Zudem ist es wichtig, dass Ihr Kind nach dem Stillen ein gutes **Bäuerchen** macht, damit möglichst wenig überflüssige Luft im Verdauungsbereich verbleibt.

ANIMATION ZUM TRINKEN

Damit das Kind den Mund weit genug öffnet, können Sie durch weites Aufsperren des eigenen Mundes es dazu animieren gleiches zu tun. Die Funktionsweise von Spiegelneuronen im Gehirn des Kindes machen es möglich. Zusätzlich können Sie das Interesse am Saugen hervorrufen, indem Sie mit Ihren Fingern sanft über die Wange Ihres Kindes streichen. Vielleicht können Sie beobachten, wie sich der gleichseitige Mundwinkel in Richtung Ihrer Finger verzieht und es sein Gesicht in diese Richtung wendet. Das Kind reagiert bei niedrigem Blutzuckerspiegel bzw. Hunger mit dieser **(Brust-) Suchreaktion.** Beim Streichen über die Lippen des Kindes reagiert es bei Hunger schnell mit Öffnen des Mundes mit aufgeschürzten Lippen und schiebt seine Zunge etwas nach vorne, als wollte es andocken und sofort saugen **(Saug-Reaktion).**

Sehr schlaffe Säuglinge muss man gelegentlich erst richtig wach machen und den Tonus im Mund-Rachenraum stärken, indem man die **Babkin-Reaktion** vorab und zu Beginn des Trinkens auslöst. Hierzu drückt man behutsam pulsierend (drücken-pausieren-drücken-pausieren...) mit dem eigenen Daumen in die Innenseite der Kinderhand. Durch neuronale Verbindungen zwischen Hand und Mund reagiert der Säugling mit Saug- und Schluckbewegungen im Rhythmus des Drückens (s. S. 34, hypotone Säuglinge).

Stillpositionen

FÜR DIE MUTTER: BEQUEM MUSS ES SEIN

Stillen kann man eigentlich in fast allen Positionen bzw. Lagen. Wichtig dabei ist, dass die gewählten Positionen für Mutter und Kind bequem sind. Das bedeutet zum Beispiel, dass man sich als Mutter beim Stillen im Sitzen nicht zusammensacken lassen bzw. vorn über beugen sollte, damit das Kind an die Brust kommt. Ein dickes (Still-) Kissen, welches auf den eigenen Beinen liegt und so das Kind weiter oben positioniert, ist für viele Frauen hilfreich. Beim Stillen im Sitzen können zusätzlich ein weiteres Kissen im eigenen Rücken sowie evtl. eine kleine Fußbank zum Erhöhen der Beine dienlich sein. Beim Stillen im Liegen ist darauf zu achten, dass der eigene Kopf nicht ungünstig abgestützt wird und Verspannungen in der Nackenregion daraus resultieren.

DIE RICHTIGE LAGE DES KINDES BEIM STILLEN

Für das Kind ist es wichtig, dass es beim Saugen seinen Kopf nicht nach hinten überstrecken muss und dass es die Brustwarze unmittelbar vor seinem Mund hat, damit das Ansaugen gelingt. **Dabei liegen Kind und Mutter fast immer Bauch an Bauch. Der Kopf des Kindes liegt in Verlängerung des Rumpfes. Wenn das Kind auf der Seite liegt, befinden sich Ohr, Schulter und Hüfte auf einer Linie.** Beine und Hüften sind gebeugt. Beide Arme müssen ebenfalls leicht gebeugt nach vorne zur Brust ausgerichtet sein, so dass es mit seinen Händen die Brust berühren beziehungsweise „begreifen“ kann. Einerseits wird dadurch der Milchfluss angeregt. Andererseits unterstützen die Greifbewegungen des Kindes das neurologische Zusammenspiel zwischen Hand und Mund: Die Babkin-Reaktion wird ausgelöst und es kommt automatisch zu einer Tonuserhöhung im Zungen-Rachenbereich mit einhergehenden Saug- und Schluckbewegungen. Das neurologische Zusammenspiel zwischen Hand und Mund ist sehr wichtig für die spätere Entwicklung der Handmotorik, der Sprech- und Schluckmotorik und hat sogar Auswirkungen auf die Emotionen, da das limbische System involviert ist. Das limbischen System wird auch das emotionale Gehirn genannt. Es ist dafür verantwortlich, dass von außen Wahrgenommenes emotional bewertet und darauf angemessen reagiert werden kann. Es regelt die Ausschüttung von Hormonen und Neurotransmittern, wie Adrenalin, Noradrenalin und Dopamin. Diese Neurotransmitter nehmen Einfluss darauf, wie motiviert oder desinteressiert auf bestimmte Stimuli reagiert wird. Auch wenn das Begreifen der Brust in der Säuglingszeit nur ein kleiner Faktor beim Heranreifen des limbischen Systems und beim Steuern der Emotionen sein wird, ist dieser Aspekt nicht außer Acht zu lassen. Es ist also wichtig, dass das Kind beim Stillen mit seinen Händen die Brust „begreift“.

Falls man die greifenden Fingerbewegungen an der eigenen Brust nicht gut ertragen kann, liegt es möglicherweise an Folgendem: Zum Einen können die zum Teil abgebrochenen **Fingernägel** des Kindes sehr spitz und dadurch unangenehm sein. Besser ist es, die Fingernägel so abzurunden, dass das Greifen nicht mehr stört (s. S. 29, Einrichten der Stillecke).

Eine **Überempfindlichkeit gegenüber Berührungen** kann bei einem selbst auch durch ein Missverhältnis zwischen Jod (Jodtabletten) und Mangan (Blaubeeren, braune Linsen, gelbe Erbsen) und zwischen Lysin (Buttermilch, Fisch) und Arginin (Hülsenfrüchte, Buchweizen) entstehen. Wenn man auf Anraten der Gynäkologin/ des Gynäkologen Jod in Tablettenform zu sich nimmt, kann es schnell zu einer zu geringen Versorgung von Mangan im Verhältnis zu Jod kommen. Auch ein starker Fischkonsum (Jod und Lysin) oder ein Urlaub an der Nordseeküste können zu einer erhöhten Jod-Zufuhr führen, so dass dann mehr auf Mangan und evtl. zusätzlich auf Fluor (lang gezogener schwarzer Tee) als Gegenspieler zu Jod geachtet werden muss. **Sinnvolle Lebensmittel sind bei zu starker Berührungsempfindlichkeit braune Linsen, Kichererbsen, gelbe Erbsen sowie Blaubeeren und Brombeeren.** Schon ein paar Stunden nach dem Essen von mangan- und argininreicher Kost fühlt man sich gelassener und empfindet die Berührungen der Brust nicht mehr als unangenehm. Hülsenfrüchte kann man schon 2 Wochen nach der Entbindung wieder essen, wenn sie bedarfsorientiert, mit ausreichend tierischem Fett, etwas Salz und nicht verkocht zubereitet werden. Blaubeeren und Brombeeren können unmittelbar nach der Geburt gegessen werden - möglicherweise als Saft oder als Tiefkühlware, die dann zum Beispiel zu einer Blau- oder Brombeergrütze verarbeitet wird (s. S. 123-124).

IM SITZEN STILLEN

Wiegenhaltung

In dieser klassischen Stillposition liegt das Kind wie in einer Wiege in Ihrem gebeugten Arm. Der Säugling liegt auf der Seite mit dem Bauch und Gesicht zu Ihnen gewandt. Das Köpfchen des Kindes ruht in Ihrer Armbeuge, so dass sein Mund sich vor der Brustwarze befindet. Sinnvoll ist es, den eigenen Arm auf ein dickes (Still-) Kissen zu legen, da die Stillphasen zu lange andauern für ein Halten des Kindes in der Luft.

Wenn man das Gefühl hat, dem Kind ist das Liegen auf dem Arm zu unbequem, weil der eigene Arm evtl. zu wenig „gepolstert" ist oder weil der Winkel für das Kind nicht angenehm ist, dann kann das Kind auch direkt auf einem hohen Kissen in Seitlage vor der Brust platziert werden. Das hat den Vorteil, dass man selbst beide Arme und Hände frei hat, um das Kind beim Anlegen zu unterstützen und es vom Rücken her in Position zu halten und Geborgenheit zu vermitteln.

FOOTBALL-HALTUNG

Bei der so genannten "Footballhaltung" wird der Säugling wie ein Football unter den Arm „geklemmt“ bzw. dort ohne ihn wirklich einzuklemmen positioniert. Das Gesicht des Kindes zeigt zur Brust während seine gebeugten Beine in Richtung Ihres Rückens zeigen. Damit es gut unterm Arm liegen kann, sollte man es etwas erhöht auf ein (Still-)Kissen legen und Kopf, Schultern und Rumpf gut abpolstern. Sie können nun mit Ihrem gleichseitigen Arm dem Kind im Kopf- und Oberkörperbereich Halt und Geborgenheit geben. Seine Nase befindet sich auf Höhe Ihrer Brustwarze. Das Kind und Sie können sich nun gegenseitig anblicken. Sobald es andocken möchte und den Mund weit öffnet, führen Sie Köpfchen und Schultern behutsam aber entschlossen zur Brust heran (s. S. 15, Andocken), damit das Ansaugen gleich richtig gelingt.

Mit dieser Stillposition werden Milchgänge an der Brustaußenseite besonders gut geleert, die in anderen Stillpositionen weniger gut erreicht werden. Bei ersten Anzeichen eines Milchstaus im Brustaußenbereich oder zur Vorbeugung sollte das Kind in dieser Footballhaltung gestillt werden. Diese Position ist ebenfalls geeignet, wenn Zwillinge gleichzeitig gestillt werden sollen.

IM LIEGEN STILLEN

Auf der Seite Bauch an Bauch

Wenn das Sitzen nach der Geburt aufgrund von Kaiserschnitt oder Dammverletzungen nicht gut zu ertragen ist, kann das Kind im Liegen gestillt werden. Beim Liegen kann man selbst meist am besten entspannen und die Zeit auch zur eigenen Erholung nutzen. Zudem schlafen viele Säuglinge mit Eintreten der Sättigung an der Brust ein. Ohne das Kind erneut umzubetten und dabei evtl. zu wecken, kann man das Kind dann weiterschlafen lassen. Natürlich muss dafür der Stillplatz als Schlafplatz geeignet sein. Es sollte beispielswiese keine große Bettdecke oder Kopfkissen in der Nähe des Kindes liegen (bleiben), unter der es sich ungewollt hinunter manövriert und dann keine Luft mehr bekommt. Eine Absturzsicherung ist ebenso wichtig.

Beim Stillen im Liegen sind zwei Positionen häufig zu beobachten: Bei der einen liegt man selbst und das Kind **auf der Seite Bauch an Bauch.** Das Kind hat dabei Beine und Arme leicht gebeugt vor seinem Körper. Die Brustwarze der unten liegenden Brust befindet sich auf Höhe des Kindermundes. Mit den Händen kann das Kind die Brust berühren und den Milchfluss dadurch verbessern. Beim Ansaugen muss das Kind evtl. anfangs noch ein wenig Unterstützung bekommen. Hierzu legt man seinen freien Arm um den Rücken des Kindes, die eigene Hand auf Höhe des Köpfchens. Sobald das Kind seinen Mund weit öffnet, führt man Kopf und Oberkörper des Kindes näher zur Brust, so dass der Brustwarzenhof mit in den Mund gelangt. Wenn man das Gefühl hat, dass das Kind in dieser Position sein Köpfchen nach hinten überstreckt, sollte man Po und Beine des Kindes etwas weiter zu sich heranziehen. Durch eine überstreckte Haltung beim Stillen würde sich das Kind schnell eine unphysiologische Kopfhaltung angewöhnen.

Gerne stützt man seinen eigenen Kopf dabei auf dem Arm ab, was mit der Zeit jedoch zu einem steifen Hals führen kann. Lieber polstern Sie Ihren Kopf und Hals ebenfalls mit einem Kissen ab, so dass es gar nicht erst zu Verspannungen kommen kann (s. S. 28, Nackenverspannungen).

HALBLIEGEND STILLEN

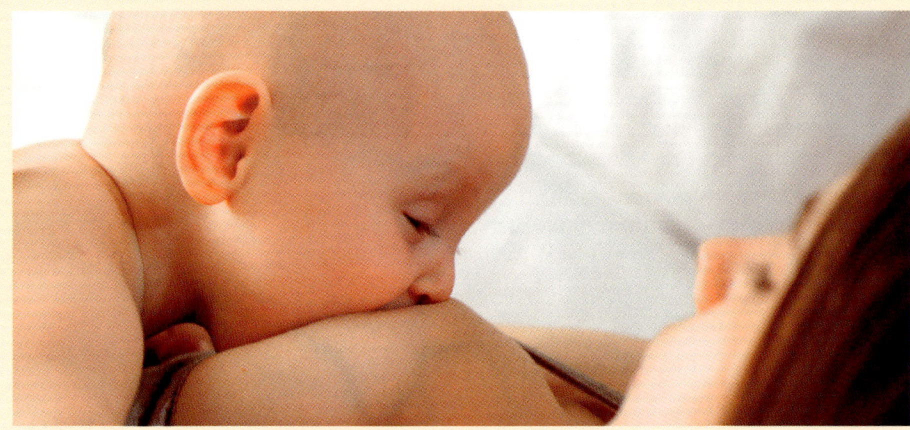

Einige Frauen lieben es auch, ihr Kind auf ihren Oberkörper zu legen, so dass der Säugling besonders viel Körperkontakt bekommt. Hierzu legt man sich als Mutter auf den Rücken oder man rutscht auf einem weichen Sofa so weit nach vorne, so dass man halbliegend mit gut abgepolstertem Oberkörper verweilen kann. Das Kind liegt beim Stillen in Bauchlage auf Ihrem Oberkörper quasi bergauf. Das Köpfchen sollte sich dabei auf Höhe der entkleideten Brust befinden. Nach einiger Zeit wird das Kind sich mit Suchbewegungen zur Brustwarze orientieren und sich selbständig andocken. Hierzu stützt es sich ein wenig mit den Armen hoch, so dass es die Brustwarze erreichen kann. Die führende Hilfe der Mutter ist meist nicht notwendig. Lediglich ein wenig Halt sollte man geben, indem man den Rücken oder den Po des Kindes etwas in Position hält. Bei einigen Kindern ist durch das recht anstrengende Heben des Köpfchens zu beobachten, dass sie dieses sehr weit nach hinten überstrecken. Gleichzeitig kann es dabei zu einer gestauchten Wirbelsäule kommen – meist im Nacken und im Bereich um den 5. Brustwirbel herum. Zu erkennen sind diese Stauchungen durch starke Nackenfalten und durch das Herabsinken des betroffenen Brustwirbels. Wenn die beschriebenen Überanstrengungszeichen zu beobachten sind, sollte man das Kind nicht mehr in dieser Stillposition anlegen. Es eignen sich besser die Positionen, bei denen das Kind auf der Seite liegt.

ETWAS ABWEICHENDE STILLPOSITIONEN UND HALTUNGEN

Stillen mit Kopfwenden zur Seite bei einseitiger Muskelverhärtung im Nacken des Kindes

Säuglinge, die von Geburt an Schwierigkeiten beim Halten ihres Kopfes haben und immer wieder zu einer gleichen Kopfschräghaltung tendieren, benötigen übergangsweise etwas abweichende Kopfhaltungen beim Stillen, als man es normalerweise beigebracht bekommt. Meist liegen bei ihnen schmerzhafte und verhärtete Muskeln im Übergangsbereich von Hals zu Kopf vor. Wenn das Kind beispielsweise auf seiner rechten Seite eine Muskelverhärtung im Nacken aufweisen sollte (z.B. durch eine zu schnelle Geburt oder durch geburtshilfliche Maßnahmen mit Zug am Kopf oder zu starkem Druck durch

Kristellern), dann kann beim Trinken ein Wenden das Köpfchens zur rechten Seite hilfreich sein. Dadurch sind die Muskeln im Nacken (kurze Nackenstrecker), die den Kopf halten und quasi als Gegengewicht fungieren, um die Saugkraft im Mund entstehen zu lassen auf der rechten Seite weniger in Anspannung. Das Kind hat dann weniger Schmerzen im Nacken beim Trinken.

Die Muskelanspannung der kurzen Nackenstrecker kann man durch einen kleinen Selbstversuch bei sich selbst schön spüren. Legen Sie dazu Ihre eine Hand auf den Übergang vom Hinterkopf zum Nacken. Den Daumen der anderen Hand stecken Sie in Ihren Mund und saugen kräftig an ihm. Mit der Hand im Nacken spüren sie bei jedem Saugzug muskuläre Anspannungen im oberen Nacken.
Wenden Sie nun den Kopf zur einen Seite und saugen Sie weiter. Schnell spüren Sie eine geringere Aktivität der Muskelgruppen auf der Seite, zu der Sie Ihr Gesicht gewendet haben. Hier findet etwas Entspannung statt. Das ist wichtig, damit die verletzten bzw. verhärteten Muskeln möglichst schnell wieder entspannen bzw. heilen.

Einseitige Verspannungen im Nacken treten auch bei asymmetrischen Kopfgelenksdysfunktionen auf. Die Mutter spürt dann, dass das Kind nur zur einen Seite gestillt werden kann. Zur anderen Seite weicht es aus und löst die Saugkraft auf nach ein paar schwachen Zügen. Da beide Brustseiten geleert werden müssen, lassen Sie die Körperhaltung des Kindes gleich und positionieren Sie sich oder Ihr Kind so, dass es nach der ersten auch gleich die zweite Brust leeren kann ohne dabei umgelegt zu werden. **Normalerweise darf das Kind nicht immer nur zur einen Seite gestillt werden.** Es besteht sonst die Gefahr, dass es Schädelasymmetrien und ungleiche Kiefergelenke mit einhergehender Kieferschrägstellung entwickelt. Solange die zu spürende Muskelverhärtung im Nacken vorhanden ist, kann jedoch nur mit eingeschränkter Beweglichkeit gestillt werden. Es ist nun wichtig, dass die Muskelverhärtung sich in den nächsten Tagen und evtl. Wochen rasch auflöst. **Neben dem Schonen der betroffenen Muskulatur** durch Wenden des Köpfchens zur Seite beim Stillen hilft besonders gut das **Auflegen der warmen Hand auf die verspannte Muskulatur** und sachtes Streicheln. **Zudem kann eine stillende Mutter auch besonders auf Ihre eigene Ernährung achten, da ein Großteil der Nährstoffe in die Muttermilch übergehen** (s. S. 120 ff). Durch den eigenen gezielten Konsum von Nahrungsmitteln kann man auch sein Kind bedarfsorientiert ernähren. Gegen Nackenverspannungen kann die Mutter (für Ihr Kind) Nahrungsmittel mit guter Bioverfügbarkeit von Vitamin B6 zu sich nehmen, wie z.B. Vollkornprodukte sowie kurz gegarte Linsen mit Butter und etwas natürlichem Vitamin C (s. S. 122, Rezepte). Zusätzlich sollte sie tierisches Eiweiß in Maßen insbesondere am Morgen zu sich nehmen, da die Eiweißverdauung im Magen mit Hilfe von Magensäure beginnt, welche am Morgen besonders reichlich produziert wird. Ungenügend verdaute Eiweiße verursachen Verdauungsstörungen im Darm. Desweiteren sind Kaffee, Getreidekaffee, schwarzer, grüner und weißer (echter) Tee zu meiden, da diese Getränke besonders viel **Vitamin B6** zur Verstoffwechselung und Entgiftung in der Leber benötigen. Ebenso ist der mütterliche Konsum von mildem Rettich in Maßen sinnvoll, da er **Selen und Schwefel** enthält und diese beiden Spurenelemente ebenfalls Nackenverspannungen und Rotationseinschränkungen zur (einen) Seite entgegenwirken.

NACKENVERSPANNUNGEN ENTGEGEN WIRKEN

Die veränderten Körperproportionen nach einer Schwangerschaft sowie dessen Rückbildung und die größere und damit auch schwerer werdende Brust durch das Stillen führen bei vielen Müttern zu starken Nackenverspannungen. Es ist wichtig, diese ernst zu nehmen und sich mit guten Nackenmassagen und ein paar kleinen aber täglich durchgeführten Entspannungsübungen (Schulterrollen sowie Anheben und Absenken der Schultern) Entspannung zu holen. Auch die veränderte Beckenstellung kann Ursache für Schulterverspannungen sein, so dass beispielsweise das tägliche Durchführen vom Schenkelgang Nackenverspannungen entgegen wirken kann.

Nackenverspannungen, die insbesondere den unteren Halswirbelsäulenbereich sowie den Übergang zur Brustwirbelsäule und die Schultern betreffen, führen unter anderem bei einigen Müttern zu Schmerzen, wie sie bei einem **Karpaltunnelsyndrom (KTS, Medianuskompressionssyndrom)** auftreten. Im Bereich der Handwurzel kommt es zu starken Schmerzen, die so belastend sein können, dass man nicht mehr in der Lage ist, sein Kind zu tragen. Normalerweise entsteht ein Karpaltunnelsyndrom durch Überbelastung des Handgelenks beim Radfahren oder nach körperlicher Arbeit, bei der es durch Einengung des Mittelarmnervs (Nervus medianus) im Karpaltunnel zu einer Druckschädigung des selbigen kommt. Der Mittelarmnerv entsteht aus dem neuronalen Armgeflecht Plexus brachialis. Er ist ein Geflecht aus Spinalnerven der letzten vier Hals- und der ersten zwei Brustsegmente (C4-Th2). Während und nach einer Schwangerschaft tritt das Karpaltunnelsyndrom sehr gehäuft auf. Dieses ist möglicherweise dadurch zu erklären, das starke „Umbauarbeiten" im mütterlichen Bewegungsapparat und statische Veränderungen mit veränderter Beckenstellung und ausgleichenden Wirbelsäulenkrümmungen durch die Schwangerschaft entstehen. Infolge der Rückbildung des Körpers nach der Schwangerschaft sowie durch die größere Gewichtsbelastung nach vorne aufgrund der vergrößerten Brust kommt es zu veränderten Druckbelastungen innerhalb der Wirbelsegmente im Übergang von der Hals- zur Brustwirbelsäule. Dadurch werden die Spinalnerven der betroffenen Segmente (C4-Th2) sowie der daraus hervorgehende Mittelarmnerv in seiner Funktion gestört. Im Bereich des einengenden Karpaltunnels im Handgelenk kommt es dann schließlich zu Schmerzen, die mit Schwellungen und geringerer Leitfähigkeit der Nervenimpulse einhergehen können. Tritt ein Karpaltunnelsyndrom erstmals während und/oder nach der Schwangerschaft auf, so sollte man bei den konservativen Behandlungsmethoden immer auf den Nacken achten und hier den Schwerpunkt bei der Behandlung setzen. Unterstützende Handgelenksbinden und Schienen sind dann weniger hilfreich als gute Nackenmassagen und täglich mehrmals durchgeführte Gymnastik, die die Beckenstellung und den Nacken einbezieht. Durch gute Rückbildungskurse, Krankengymnastik, PäPKi® und Osteopathie können Sie Ihren Körper gezielt stärken und Entspannungstechniken lernen, damit Sie recht schnell wieder beschwerdefrei werden. Des weiteren ist bei der eigenen **Ernährung** darauf zu achten, dass täglich ausreichend **Vitamin B6**, Vitamin C, **Kalzium**, Silizium und evtl. Selen und Schwefel aus Nahrungsmitteln aufgenommen wird (s. S. 120, Ernährung gegen Nackenverspannung und S. 26 Abweichende Stillpositionen).

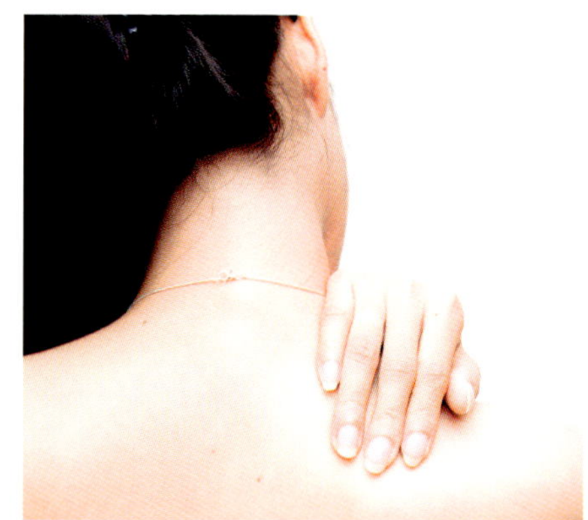

EINRICHTEN EINER STILLECKE

In den ersten Wochen dauern die Stillphasen meist noch recht lange, so dass es nicht selten vorkommt, dass es zwischendurch an der Tür klingelt, das Telefon während dessen läutet, man plötzlich Durst verspürt, man etwas lesen möchte oder evtl. größere Geschwisterkinder gleichzeitig beschäftigt werden wollen. Damit man durch diese kleinen Umstände nicht immer wieder gestört wird oder sogar das Stillen unterbrechen muss, ist ein eingerichteter Platz zum Stillen ganz hilfreich.

Neben den Stillutensilien, wie z.B. Stillkissen, Spucktücher, Fußbank, sollte immer etwas zu trinken dort vorhanden sein, vielleicht etwas zu essen (s. unten „Notfallbar"), sofern Telefonieren nicht stört, der Telefonhörer, Taschentücher, evtl. Spiele, Vorlesebücher und Kuscheldecke für die größeren Geschwister, Lektüre für einen selbst und evtl. eine kleine Nagelschere, Nagelkneifer oder -feile zum Kürzen der Fingernägel, was beim Stillen ganz gut gelingt. Gerade wenn das Kind mit den Fingern viel an die Brust greift, können die kleine abgebrochenen und zum Teil recht spitzen Fingernägel des Kindes sehr unangenehm an der Brust sein. Da freut man sich, wenn man sich durch vorsichtiges Kürzen oder Runden unmittelbar Abhilfe verschaffen kann.

An der Haustür kann man ein Schild aufhängen auf dem steht, dass man aufgrund des jungen Nachwuchses evtl. nicht immer zur Tür kommen kann. Gerade für Postboten ist ein Hinweis sinnvoll, wo Briefe und Pakete abzulegen sind. Bei fast allen Paketzustellern kann man einen so genannten Garagenvertrag bzw. eine Abstellgenehmigung im Vorwege unterschreiben, so dass man dann nicht jedes Mal wieder zur Tür gehen muss.

EINRICHTEN EINER „NOTFALLBAR"

Damit die eigene Ernährung in der Anfangszeit nicht zu kurz kommt, ist das Einrichten einer „Notfallbar" zu empfehlen: Nicht immer ist man in der Lage, sich mit einer warmen, frisch zubereiteten Mahlzeit zu versorgen. Ab und an kann es ganz hilfreich sein, wenn man zwischendurch ohne viel Aufwand zu haben, günstige Nahrungsmittel zu sich nehmen kann. In der „Notfallbar" können **Cashewkerne** (Bio-Qualität), **Wiener Würstchen** und **Parmesankäse** (im Stück) zur Unterstützung der Milchbildung vorhanden sein. **Salzstangen** und **Wasser** sorgen für eine ausreichende Wasseraufnahme. **Gewürzgurken** oder auch **Salatgurke** zusammen mit ein wenig **Edelhefe** lassen eine bessere Erholung bzw. Regeneration zu in den Phasen der Ruhe. **Maiswaffeln, Zartbitterschokolade** und **Vitamin C-haltige Früchte,** wie z.B. gelbe Pampelmuse, Orange, Johannisbeeren, wirken anregend durch Stärkung der Nebennieren, damit man mit dem wenigen Schlaf in der Anfangszeit besser zurecht kommt.

Der Einwand, zu viel Vitamin C würde den Po des Kindes wund werden lassen, stimmt nur bedingt: Natürlich vorkommendes Vitamin C macht den Po des Säuglings nicht wund. Jedoch reagieren einige Säuglinge auf künstliches Vitamin C bzw. Ascorbinsäure, welche auch als E 300 bzw. als Antioxidationsmittel, Mehlbehandlungsmittel oder Stabilisator in Zutatenlisten aufgeführt wird. Künstlich hergestellte Ascorbinsäure kann zu wunder Haut im Windelbereich, unter den Achseln und im Bereich des Halsfalten führen. Die Verwendung von künstlichem Vitamin C ist auch in Bio-Lebensmitteln zugelassen.

MÖGLICHE PROBLEME BEIM STILLEN

Abhilfe bei übermäßigem Milcheinschuss und richtiges Andocken um wunde Brustwarzen zu vermeiden

Ein weiterer weichenstellender Zeitpunkt, der über Stillerfolg oder -misserfolg entscheidet, ist - neben dem Erstkontakt unmittelbar nach der Geburt - der Zeitpunkt des Milcheinschusses.

Bei einigen Frauen ist der Milcheinschuss mit einer sehr stark gefüllten Brust verbunden, die sich geschwollen und hart anfühlt und auch sehr schmerzhaft sein kann. Wenn nun das Kind versucht, die Brustwarze samt Brustwarzenhof in den Mund zu bekommen, misslingt dieser Versuch. Es rutscht ab, da der Brustwarzenhof zu hart ist und die Brustwarze nicht weit genug in den Mund hineingezogen werden kann. Das Kind versucht dann mit den Kauleisten die Brustwarze zu halten bzw. klemmt sie dazwischen ein. Die Zunge das Kindes reibt an der Brustwarze, was unangenehm sein kann. Es führt leider nicht zum Stillerfolg, sondern zu weiteren Schmerzen und wunder, abgeschürfter Haut bei der Mutter.

Es ist nun besonders wichtig, den Brustwarzenhofbereich der Brust zu entleeren bevor das Kind erneut versucht, Milch zu saugen. Entweder entleert man den Brustwarzenhofbereich mit Hilfe einer Milchpumpe oder, was schnell und einfach möglich ist, mit den eigenen Fingern. Man umgreift mit seinem Daumen und Zeigefinger die Brust unmittelbar hinter der Brustwarze im Bereich des dunkel pigmentierten Brustwarzenhofs, und drückt gegen leichten Widerstand die Milch mehrstrahlig hinaus. Das kann etwas ziepen. Aber anschließend sind die Milchdrüsen frei und der Brustwarzenhofbereich wieder weich, so dass nun das Kind erfolgreich die Brustwarze samt weichem Brustwarzenhof in seinen Mund ziehen kann – wenn möglich so weit, dass kaum noch dunkel pigmentierte Haut zu sehen ist.

Es kann bei der ein oder anderen Frau sein, dass das manuelle Leeren der Brustwarzenhofregion in den ersten Wochen immer wieder einmal gemacht werden muss, bevor das Kind gestillt werden dann.

Ein gutes Zeichen ist, wenn das Kind beim Stillen nicht die Brustwarze verformt. Sieht die Brustwarze nach dem Stillen ganz abgeflacht aus, kann es ein Zeichen dafür sein, dass das Kind die Brustwarze zwischen seinem Ober- und Unterkiefer einklemmt. Dann muss man beim Andocken versuchen, den pigmentierten Brustwarzenhofbereich weiter in den Kindermund hineinzubekommen. Zunächst positioniert man sein Kind so, dass es bequem auf der Seite liegt und das Gesicht zur Brust zeigt bzw. die Brustwarze sich auf Höhe des Kindermundes befindet. Sobald das Kind den Mund zum Andocken weit öffnet, drückt man den Kopf des Kindes schnell aber mit Gefühl an die Brust, so dass Brustwarze und Brustwarzenhof in den Mund gelangen. **Um wunde Brustwarzen zu vermeiden, ist ein häufiges Wechseln der Stillposition sinnvoll,** so dass das zu Beginn noch empfindliche Gewebe gleichmäßiger belastet wird (s. Stillpositionen S. 28).

Der Gebrauch von **Stillhütchen** ist nur in seltenen Fällen zu empfehlen, da es zu Irritationen beim Säugling führen kann und die Milchabgabe reduziert wird. In manchen Fällen sind die Brustwarzen so wund und evtl. zusätzlich noch durch einen Pilzbefall besonders schmerzempfindlich, so dass ein Stillen ohne Hütchen aufgrund der Schmerzen nicht mehr möglich wäre. In diesen Fällen oder auch bei völlig „zernagten" Brustwarzen ist der vorrübergehende Gebrauch manchmal ratsam. Ihre Hebamme und Stillberaterin kann sicherlich einschätzen, ob der Gebrauch bei Ihnen und Ihrem Kind vorrübergehend sinnvoll ist und ggfs. den Gebrauch zeigen.

Tipps im Überblick, um wunde Brustwarzen zu vermeiden

- Zur Vermeidung von wunden Brustwarzen müssen immer Bereiche des Brustwarzenhofs der mütterlichen Brust mit in den Kindermund hineinpassen.
- Der Brustwarzenhofbereich muss beim Stillen elastisch sein und darf nicht so prall gefüllt sein, dass es dem Säugling nur im Bereich der Brustwarze gelingt, Saugversuche durchzuführen.
- Wenn zu viel Milch im Brustwarzenhofbereich ist und die Brust ganz fest und hart wirkt, muss vor dem Stillen ein wenig Milch manuell herausgedrückt oder mit einer Milchpumpe abgepumpt werden, bevor das Kind gestillt wird.
- Beim Andocken muss die Mutter evtl. helfen, indem sie den weit geöffneten Kindermund an ihre Brust drückt, so dass auch Teile des dunkel pigmentierten Brustwarzenhofbereichs mit in den Mund des Kindes gelangt.
- Es empfiehlt sich ein häufiges Wechseln der Stillpositionen, damit das zu Beginn empfindliche Brustgewebe gleichmäßig belastet wird.
- Möchte man das Kind von der Brust entfernen, ohne dass das Kind von sich aus aufhört mit dem Saugen, sollte man es nicht einfach „wegziehen", sondern erst mit dem eigenen kleinen Finger in den Mundwinkel des Kindes drücken und Luft in den Kindermund lassen, so dass der Unterdruck aufgehoben wird. Nun kann das Kind ab- und hochgenommen werden.
- Nach dem Stillen die Brustwarzen mit etwas Muttermilch benetzen und an der Luft trocknen lassen (jedoch nicht bei Soor-Infektion!)

SOOR – PILZBEFALL DER SCHLEIMHÄUTE

Ein Pilzbefall der Schleimhäute mit Candidapilz (Soor) kann zu Stillschwierigkeiten führen. Es handelt sich um einen Hefepilz, der besonders gut in feuchter, eiweiß- und zuckerhaltiger sowie dunkler Umgebung gedeiht. Bei der Mutter kann zum Teil unbemerkt ein Befall im Scheidenbereich ursächlich sein für eine Übertragung des Pilzes während der Geburt auf das Neugeborene.

Ein Mundsoor beim Säugling ist zu erkennen an weißen bis gelblichen, kleinfleckigen und zum Teil in einander fließendem Belag der Schleimhäute im Mund- und Rachenbereich, der sich mit einem Mundspatel abwischen lässt. Darunter ist die Schleimhaut gerötet.

Ein Mundsoor verursacht Schmerzen, die zu Schluckbeschwerden und zu einer Trinkschwäche führen können. Der schmerzempfindliche Mund kann dazu führen, dass der Säugling sich immer wieder von der Brust abwendet und den Unterdruck beim Saugen nicht aufrecht halten mag. Dadurch kommt es zu einem klickenden Geräusch beim Stillen. Luft wird mit geschluckt. Zudem können vermehrt Blähungen auftreten.

Weist ein Säugling Mundsoor auf, kommt es meist zusätzlich zu einem Pilzbefall im Genitalbereich in Form eines Windelausschlags, der Windeldermatitis.

Ein Soorbefall beim Kind kann auf die Brustwarzen der Mutter übertragen werden. Die Folgen sind meist sehr wunde bis offene Brustwarzen, die stark jucken oder brennen, rosa- bis rot-farbig und glänzend aussehen. In einigen Fällen sind die Brustwarzen mit einem fleckig aussehenden Ausschlag aus kleinen Bläschen bedeckt. Zum Teil kommt es auch zu einem Befall in den Milchgängen, was zu stechenden, anhaltenden Schmerzen während und nach dem Stillen führen kann. Anfängliches Ziepen bei Stillbeginn ist normal. Auch kann eine ungleiche Belastung beim Trinken zu schmerzendem Brustgewebe führen, so dass Lageveränderungen des Kindes Linderung mit sich bringen. Bei einem Soorbefall der Milchgänge jedoch bleiben die stechenden Schmerzen trotz veränderter Anlegetechniken und unterschiedlicher Stillpositionen bestehen.

Begünstigt wird ein Soorbefall im Brustbereich durch offene, wunde Stellen sowie durch Verwendung von Stilleinlagen. Soorinfektionen treten auch vermehrt nach einer Behandlung mit einem Antibiotikum auf oder durch Verwendung von Langzeitsteroiden, wie zum Beispiel bei der Behandlung von Asthma.

Tönnies konnte zudem feststellen, dass Frauen, die unter einem Eisen-Mangel litten, ebenfalls häufiger mit einem Candida-Befall zu tun hatten als andere. **Eine Unterversorgung an Vitamin C sowie an Vitamin A und Zink scheinen ebenfalls eine Pilzinfektion zu begünstigen, da es zur Austrocknung der Schleimhäute kommen kann und schließlich zu wunden Stellen, Schwellungen und Blutungen.**

Sofern bei der Mutter und/ oder beim Kind ein Soorbefall diagnostiziert wurde, müssen beide – Mutter und Kind und evtl. auch der Ehemann – mit entsprechenden Medikamenten behandelt werden. Mit den meisten hierbei eingesetzten Medikamenten gegen die Pilzinfektion kann weiter gestillt werden. Eine deutliche Besserung der Symptome tritt häufig recht schnell nach ein bis zwei Tagen auf. Eine Behandlung muss dennoch den gesamten Behandlungszyklus fortgeführt werden, um eine wiederkehrende Infektion zu verhindern.

Zudem ist es wichtig, alle Gegenstände (Spielzeug, Schnuller, Trinkflaschen, Milchpumpenaufsätze etc.) sowie alle Wäscheteile und Spucktücher, die mit dem Pilz in Berührung gekommen sein könnten, mit Essigwasser zu spülen bzw. zu waschen. Beim Wäschewaschen mit einer Waschmaschine kann man ein kleines Glas voll Essigessenz in das Fach für den Weichspüler geben. Bei empfindlicher und farbiger Wäsche kann diese Methode die Wäsche „angreifen". Weiße Baumwollwäsche ist meist unempfindlich gegenüber der „Essigbehandlung".

Maßnahmen bei Pilzbefall

- Trotz einer Soorinfektion und medikamentöser Behandlung kann in den meisten Fällen weiter gestillt werden.
- Verschriebene Medikamente gegen den Pilzbefall konsequent bis zum Behandlungszyklus bei Mutter, Kind und evtl. Ehemann anwenden.
- Gegenstände, wie z.B. Milchpumpenaufsätze, Schnuller, Spielzeug, Spucktücher, Wickelplatzunterlage und Wäscheteile, die mit dem Pilz in Berührung gekommen sind, mit Essigwasser reinigen und anschließend mit klarem Wasser ab- bzw. nachspülen
- Evtl. auch die eigenen Hände mit etwas Essigwasser oder mit Seife sorgfältig waschen und anschließend mit klarem Wasser abspülen, bevor man das Kind anfasst.
- Brustwarzen nach jedem Stillen mit klarem Wasser reinigen und sehr sorgfältig an der Luft trocknen lassen.
- Keine Einmal-Stilleinlage verwenden, da auf diesen Hefepilze zusammen mit etwas süßer Muttermilch besonders gut gedeihen. Stilleinlagen aus Seide sollten nach jedem Stillen gewechselt und mit Essigwasser und anschließend mit klarem Wasser gereinigt werden.
- Bei Schmerzen beim Stillen können vorrübergehend häufigere und dafür weniger lange Stillphasen besser zu ertragen sein.
- Abgepumpte Muttermilch nicht aufbewahren – weder im Kühlschrank noch im Gefrierfach. Pilzsporen vermehren sich sehr gut in Muttermilch, bei Minusgraden zwar in geringem Umfang, aber dennoch bleiben sie vorhanden und vermehren sich.

STARK VERKÜRZTES ZUNGENBÄNDCHEN UND KIEFERFEHLBILDUNGEN

Gelegentlich treten Stillschwierigkeiten auf durch ein stark verkürztes Zungen- oder Lippenbändchen. Die Zunge kann dann nicht ausreichend nach vorne gestreckt werden, um Saugbewegungen durchzuführen und um Milch aus dem Brustwarzenhof der Brust zu drücken.

In diesen Fällen ist es sinnvoll, das Zungenbändchen möglichst früh – schon in der Geburtsklinik – zu lösen. In diesem Alter merken die Kleinen den minimalen Eingriff kaum und können sofort im Anschluss angelegt werden. Anhaltende Blutungen treten in der Regel nicht auf.

Ein zu spätes Lösen des Zungenbändchens kann später zu Komplikationen führen, wie z.B. zu Verletzungen von Blutgefäßen, die durch Wachstum mit der Zeit immer kräftiger bzw. größer werden. Mit einem zu kurzen Zungenbändchen versucht das Neugeborene vergeblich an der Brust zu saugen unter Einsatz von Kiefer und Lippen. Dadurch werden die Brustwarzen schnell sehr wund. Für Mutter und Kind eine sehr leidvolle Erfahrung, die meist dazu führt, dass nicht gestillt wird. Ein zu kurzes Zungenbändchen kann auch später bei der Sprachentwicklung sehr hinderlich sein. Artikulationsdefizite und eine undeutliche Aussprache können die Folge sein.

In seltenen Fällen kommt es aufgrund von **Kieferverformungen und -missbildungen**, wie z.B. eine Kiefer-Gaumenspalte, zu Schwierigkeiten beim Stillen. In diesen Fällen ist immer ein Kieferorthopäde, der auf Säuglinge spezialisiert ist, aufzusuchen.

Stillschwierigkeiten können in sehr seltenen Fällen durch anatomische Besonderheiten bei der Mutter auftreten, wie z.B. in Folge von **Flach- bzw. Hohlwarzen.** Hier ist beim Anlegen des Säuglings etwas Unterstützung seitens der Hebamme oder der Stillberaterin sinnvoll. Da die Brustwarze beim richtigen Stillen sehr weit hinten im Mundbereich des Säuglings positioniert ist und der Säugling nicht mit der Zunge direkt an der Brustwarze saugt, kommt es meist nicht zu Schwierigkeiten. Das Milchsaugen gelingt dem Kind, indem es mit der Zunge und dem weichen Gaumen einen Unterdruck herstellt und gleichzeitig die Zunge gegen den Brustwarzenhofbereich der Brust drückt. Schwieriger für das Kind ist ein Andocken an die Brust, wenn sie zu hart bzw. zu stark gefüllt ist, so dass es den Brustwarzenhofbereich nicht in den Mund bekommt (s. übermäßiger Milcheinschuss, S. 30)

MILCHSTAU/ BRUSTENTZÜNDUNG

Manchmal sind es auch ganz banale Gründe, warum das Stillen nicht reibungslos gelingt und es zu einem (zu) frühen Abstillen kommt.

Stress und mangelnde Ruhephasen können beispielsweise dazu führen, dass der Milchspendereflex reduziert wird. Anstrengender Besuch und Lärmbelästigung durch Radio, Fernseher oder z.B. durch Baustellenlärm können ausreichen, dass der Stillvorgang gestört wird. Dieses kann zur Folge haben, dass einige Milchkammern (Alveolen) in der Brust nicht ausreichend geleert werden und es schließlich zu einem **Milchstau** mit einhergehender Entzündung im betroffenen Brustgewebe kommt. Das Brustgewebe fühlt sich im betroffenen Bereich verhärtet an, da die Milch sich aufstaut. Wenn die Milch nicht abfließen kann, wird sie aus dem Milchkanal in das umliegende Brustgewebe gedrückt mit der Folge, dass es zu einer Immunantwort kommt.

Die gestauten Bereiche zeigen sich in Form von heißen Stellen und Rötungen der darüber liegenden Haut. Einige Frauen reagieren mit schnell ansteigendem Fieber auf einen Milchstau. Ein Milchstau sollte nicht auf die leichte Schulter genommen werden.

Schnelle Hilfe bei Milchstau:

- Betroffene Stellen sollten gekühlt werden, entweder mit einem in ein kleines Tuch gewickeltes Kühlpack, durch kühle Quarkwickel oder durch zuvor kurz gegarte oder geknautschte Weißkohlblätter.
- Zwischendurch ist es sinnvoll, die Brust zum Stillen mit einer Wärmflasche oder unter der Dusche zu erwärmen und das Kind anzulegen, damit der Milchfluss ermöglicht und gefördert wird.
- Beim Anlegen immer erst die betroffene Seite zuerst anlegen, da das Kind meist die erste Seite besser leert als die zweite Brustseite.
- Ein häufigeres Anlegen kann ebenfalls sinnvoll sein.
- Die Stillposition so wählen, dass der Säugling mit dem Kinn auf die gerötete Stelle zeigt. Das können ganz ungewohnte Stillpositionen sein. Am besten nimmt man dazu ein Stillkissen, damit das Kind dennoch bequem liegt. Wenn das Kinn des Kindes zur roten Stelle ausgerichtet ist, wird beim Saugen dieser Bereich besonders gut entleert.
- Zusätzlich kann der Einsatz von homöopathische Mitteln, die den Milchfluss verbessern, sinnvoll sein. Hebammen haben in diesem Bereich meist eine Zusatzausbildung gemacht und können wertvolle Tipps geben.
- Milchfluss beim Stillen an der betroffenen Stelle kann zusätzlich verbessert werden, indem man manuell die Milch in Richtung Brustwarze ausstreicht, sobald das Kind angefangen hat zu saugen.
- Nach dem Stillen sollte die betroffene Stelle erneut gekühlt werden.
- Beim Umsetzten dieser und weiterer Hilfemaßnahmen kann einem eine Stillberaterin, die Hebamme oder die Frauenärztin/ der Frauenarzt zur Seite stehen.
- Sofern Fieber auftritt, muss immer professionelle Hilfe zu Rate gezogen werden!

Der häufigste Fehler bei einem vorhandenen Milchstau ist, das Kind an der schmerzhaften Brust nicht mehr anzulegen. Die Milch aus einer Brust mit schmerzhaften Rötungen schadet dem Säugling nicht. Sofern Medikamente gegeben werden müssen, kann ein Abpumpen und Verwerfen der Milch vorrübergehend notwendig sein.

Bei Nichtbehandlung kann aus einer geröteten Stelle auch schnell eine gravierende **Brustentzündung** (Mastitits puerperalis) entstehen, die dann z.T. mit Antibiotikum-Gabe und stationärem Aufenthalt bei Abszess-Bildung verbunden sein kann. Neben den schmerzhaften Verhärtungen und Rötungen der betroffenen Stellen, wird die Haut nicht nur rot, sondern zusätzlich glänzend. Meist reagiert der Körper mit grippeähnlichen Symptomen, wie Schüttelfrost, hohem Fieber und starkem Frieren.

Zu dieser Immunantwort kommt es, wenn Milch aus dem Milchkanal in das Brustgewebe gedrückt wird und schließlich in den mütterlichen Blutkreislauf gelangt durch weitere Milchproduktion und Druckerhöhung. Die dabei entstehenden heißen Schwellungen und schmerzhaften Verhärtungen drücken den betroffenen Milchkanal weiter zu und verschließen ihn schließlich. Das Immunsystem nimmt den Kampf gegen die fremden Eiweiße aus der Milch auf, so dass es zu grippeähnlichen Symptomen kommt.

Eine gravierende Brustentzündung geht meist mit einer bakteriellen Infektion einher, die durch offene, entzündete Stellen im Bereich der Brustwarze verursacht wird und zu Abszessbildung führen kann. Es ist nun unbedingt notwendig, medizinische Hilfe in Anspruch zu nehmen.

TIPPS ZUM VERMEIDEN VON MILCHSTAU UND BRUSTENTZÜNDUNG:

- **Keine einengenden Textilien tragen:** Zu enge BHs sowie einschnürende Tragegurte oder drückende Baby-Tragetücher sollten vermieden werden.

- **Stillrhythmus muss an Mutter und Kind angepasst sein:** Wenn das Kind sehr schläfrig ist und wenig Hunger zeigt, kann ein vorzeitiges Wecken nötig sein, sofern die Brust sehr spannt. Evtl. kann man die Milch mit Hilfe einer Milchpumpe teilweise abpumpen. Jedoch ist das keine Dauerlösung, da das Brustgewebe sich an den Mehrbedarf anpasst und zukünftig weiterhin zu viel Milch produzieren wird, welche von dem Kind nicht vollständig getrunken werden kann. Ein zwischenzeitliches Abpumpen oder auch ein Ausstreichen der Milchdrüsen unter der warmen Dusche sind nur kurzfristig als Notfallmaßnahme sinnvoll.

- **Wechselnde Stillpositionen mit unterstützendem Stillkissen:** Es ist wichtig, dass auch die Milchdrüsen in Richtung Achsel geleert werden. Eine so genannte Football-Haltung, bei der das Kind unter dem eigenen Arm positioniert wird, kann dabei hilfreich.

- **Stillen nur zur einen Seite möglich?** Wenn das Kind nur zur einen Seite gestillt werden kann, kann eine Kopfgelenksdysfunktion die Ursache sein. Es ist dennoch wichtig, dass beide Brustseiten geleert werden. Sie sollten ganz verschiedene Stillpositionen ausprobieren, in denen Ihr Kind saugen kann. Zusätzlich sollten Sie ihr Kind möglichst rasch einem Kinder-Osteopathen oder einem Kinderorthopäden mit Zusatzausbildung zur Behandlung von Kopfgelenksdysfunktionen vorstellen, um mögliche Bewegungseinschränkungen im Hals-Kopfbereich zu beheben. (s. Kopfgelenksdysfunktionen S. 26 und 38)

- **Abwechseln der Brustseite, an der das Kind beim Stillen zuerst angelegt wird:** Die Brustseite, an der das Kind zuerst angelegt wird, leert das Kind meist besser als die zweite Brustseite. Daher sollte bei jedem Stillvorgang abgewechselt werden.

- **Vermeidung von Schlafpositionen, die die Brust beengen:** Bauchlage ist weniger geeignet. Zu bevorzugen sind Seitlage und Rückenlage.

- **Vermeiden von Stillsituationen unter Stress:** Als stillende Mutter benötigen Sie Ruhe. Das betrifft nicht nur die Stillsituation an sich, sondern auch den Ablauf drum herum. Terminliche Verpflichtungen, zu viele Aufgaben, unliebsamer oder zu langer oder zu lauter Besuch sollten vermieden werden.

- **Bequeme Stillposition von Mutter und Kind:** Beim Stillen selbst sollten Sie sich so positionieren, dass Sie bequem sitzen oder liegen und die zu Beginn recht lange dauernden Stillphasen nicht aufgrund von Rückenschmerzen oder einschlafenden Beinen oder schmerzendem Hintern abbrechen müssen. Auch das Kind muss bequem liegen und wenn möglich mit den Händen die Brust berühren und begreifen dürfen.
  Das kindliche Berühren der Brust verbessert den Milchfluss und erhöht das Wohl- und Geborgenheitsgefühl beim Stillvorgang (s. ab S. 20 Stillpositionen)

DAS GEFÜHL, ZU WENIG MILCH ZU HABEN

Einige Mütter haben das Gefühl, dass ihr Kind nicht ausreichend satt an der Brust wird und deshalb immer wieder schnell aufwacht, schreit und Unzufriedenheit zeigt. Meist hat dieses Verhalten nicht mit Hunger zu tun, sondern mit schlechten Träumen, drückender Luft im Bauch (s. Vitamin C-Unterversorgung S. 83) oder mit Kopfgelenksdysfunktionen (s. ab S. 38).

Wenn das Kind allerdings zu wenig an Gewicht zunimmt, muss ergründet werden, voran es liegt. In diesen Fällen kann mit Hilfe der Hebamme, der Stillberaterin und/ oder der Gynäkologin/ des Gynäkologen ergründet werden, ob bei Ihnen die Ursache durch unzureichende Milchproduktion zu sehen ist oder ob beim Kind die Ursache zu finden ist.

Sehr **schlaffe Säuglinge** mit einer schwachen, hypotonen Muskelspannung empfinden das Saugen an der Brust meist als zu anstrengend und trinken ein paar Schlückchen wässrige Vormilch und hören dann erschöpft auf, ohne dass die Brust dabei ausreichend geleert wird und das Kind ausreichend eiweiß- und fettreiche Nachmilch zu sich nimmt. Dadurch wird automatisch die Milchproduktion reduziert. Wichtig ist, dass diese Kinder beim Saugen unterstützt werden, in dem man mit dem eigenen Daumen in die Handinnenfläche der Kinderhand drückt. Dadurch wird die **Babkin-Reaktion** ausgelöst, die den Tonus im Mundbereich erhöht und das Saugen fördert. Zudem kann man vorrübergehend mit Hilfe einer Milchpumpe die Milchproduktion bei sich vermehrt in Gang bringen und dann die abgepumpte Muttermilch mit einer Saugerflasche dem Kind füttern. Aufgrund der recht großen Löcher in den Saugerflaschen strengt das Trinken das Kind weniger an.

Eine anfängliche Tonusschwäche im Mund-Rachenbereich ist häufig bei sensomotorischen Irritationen im Nackenbereich (s. Kopfgelenksdysfunktion) zu beobachten. Sobald das Kind diese überwunden hat, kann das Kind normal gestillt werden. Diese Abpump-Prozedur ist dementsprechend vorrübergehend und muss nicht wochenlang fortgeführt werden. Das Schöne daran ist, dass trotz der anfänglichen Schwierigkeiten, das Kind dennoch gestillt werden kann. Die positiven Nebeneffekte des Stillens, wie z.B. Stärkung des Immunsystems, Förderung des Bindungsverhaltens, Geschmacksprägung etc., werden wahrgenommen. Gerade für geschwächte Säuglinge ist Muttermilch als Nahrung besonders wichtig. Keine Säuglings-Fertigmilch kann ein Kind mehr stärken und ist so gut abgestimmt auf die ernährerischen Bedürfnisse wie die eigene Muttermilch für das eigene Kind.

Um den dritten Lebensmonat herum empfinden viele Frauen ebenfalls einen Milchmangel – bzw. das Kind möchte mehr Milch trinken als man hat. Ständig will das Kind wieder an die Brust. Diesem Verlangen sollte man nachgeben, da durch immer wiederkehrendes Leertrinken der Brust die Milchproduktion schnell gesteigert wird und den tatsächlichen Mehrbedarf des Kindes in einer starken Wachstumsphase innerhalb kürzester Zeit ausgleicht.

Unterstützende Maßnahmen

Unterstützen lässt sich die Milchproduktion durch den Verzehr von **Zink- und Tryptophan-haltigen Nahrungsmitteln**, wie z.B. Cashewkerne, Kalbfleisch, Rindfleisch, weiße Bohnen, Blumenkohl und frischen, leicht in Butter gebratenen Fenchel (siehe Rezepte ab Seite 103).

Milchfluss verbessernde Kräuter und Samen

Milchbildende Stilltees enthalten Kräuter und Samen, die die Milchbildung und den Milchfluss unterstützen. Zudem ist das vermehrte Trinken als milchfördernd einzuschätzen. Eine stillende Mutter benötigt bis zu 3 Liter Flüssigkeit am Tag.

Die folgenden Kräuter und Samen gelten in Form eines Tees oder auch als Gewürz als milchbildend:

- Geißraute
- Bockshornkleesamen
- Fenchel
- Kümmel
- Anissamen
- Melisse
- Brennnessel
- Majoran
- Kreuzkümmel
- Basilikum
- Lavendel
- Dill

Milchfluss verringernde Kräuter und Samen

Hingegen sollte man die folgenden Kräuter und Samen beim Stillen meiden, da sie den **Milchfluss beeinträchtigen** können. Sie finden zum Teil auch als **Abstill-Tee** Verwendung.

- Salbei
- Pfefferminze
- Hibiskus
- Petersilie
- Zitronenverbene
- Hopfenblüten
- Bärentraube
- Färberginster
- Johanniskraut
- Schöllkraut
- Steinklee
- Walnussblätter

WIRKUNG DER EIGENEN GEDANKEN

Besonders wirkungsvoll sind auch die eigenen Gedanken bzw. die eigene Einstellung zum Stillen. Wenn man sich beim Stillen sehr unwohl fühlt, z.B. durch widrige äußere Umstände, durch Wochenbettdepressionen, durch Ablehnen des Kindes, durch traumatische Geburtserfahrungen, durch Ekel vor dem eigene Körper ... was auch immer, dann können die eigenen Gedanken dazu führen, dass die Milchproduktion reduziert wird oder gar nicht erst beginnt. Und umgekehrt lässt sich auch die Menge der Milchproduktion positiv beeinflussen, wenn man sich viel mit dem Stillen beschäftigt bzw. in Gedanken ständig dabei ist, ans Stillen und an eine vermehrte Milchproduktion zu denken.

So gelingt es einem auch, wenn man fest entschlossen ist, das Kind abzustillen (evtl. gegen den Willen des Kindes), die Milchproduktion zu senken. Zudem konnte ich beobachten bzw. fühlen, dass durch meinen mütterlichen Abstillwunsch es beim Stillen zu Schmerzen im Brustgewebe kam. Anscheinend lässt sich durch die eigenen Gedanken die Spannung in den Alveolen und Milchgängen sowie der Milchspendereflex beeinflussen. Wenn man als Mutter dann wieder „weich" wird und sich sagt, „na gut, das Kind will noch ein wenig länger gestillt werden..." dann hören sofort die ziependen Schmerzen auf.

Nützliche Kontaktstelle bei Wochenbettdrepressionen:

Schatten & Licht e.V.
Obere Weinbergstr. 3
D-86465 Welden
Tel.: 08293/965864
Fax: 08293/965868
www.schatten-und-licht.de

Kopfgelenks-dysfunktionen

STILLEN NUR ZUR EINEN SEITE MÖGLICH ODER NUR MIT ÜBERSTRECKTEM KÖPFCHEN NACH HINTEN?

Bei einigen Säuglingen fällt auf, dass sie mit deutlich unterschiedlicher „Technik" an der einen oder anderen Brust saugen. Es wirkt so, als ob es ihnen zu der einen Seite unangenehm ist oder sie sogar Schmerzen dabei empfinden. Häufig saugen sie nur für ein paar Züge auf der „unliebsamen" Seite, wenden sich dann ab und schreien. Manchmal gelingt es ihnen auch gar nicht, Saugbewegungen zu der einen Seite durchzuführen, obwohl das Stillen zu der anderen Seite gut möglich ist (s. S. 26 ff).

Beim Herausstrecken der Zunge fällt auf, dass sie nicht mittig, sondern z.T. verdreht und mehr zu der einen Seite gestreckt wird. Häufig liegt in diesen Fällen beim Kind eine **asymmetrische Kopfgelenksdysfunktion** bzw. eine Kopfgelenk-induzierte Symmetriestörung (KISS) vor, die in Form von Bewegungseinschränkungen beim Kopfwenden zur einen Seite zu beobachten ist. Gleichzeitig ist meist auch eine asymmetrische Körperhaltung, eine gleichbleibende Kopfschiefhaltung mit einseitiger Schädelabflachung und Gesichtsasymmetrie zu beobachten. Auf der kleineren Gesichtshälfte kann es durch geringeren Abfluss der Tränenflüssigkeit aufgrund eines verengten Tränenkanals und aufgrund von lymphatischen Stauungen zu wiederkehrenden einseitigen Bindehautentzündungen des Auges kommen. Die Spannungsunterschiede (Tonusasymmetrie) zwischen rechtem und linkem Arm sowie unterschiedlich weit geöffnete Hände zeigen ebenfalls an, dass Dysfunktionen im Halswirbelsäulenbereich vorhanden sind. Mit der Zeit wirkt sich die obere Schiefhaltung auch auf die Stellung des Beckens sowie auf die Spannungsverhältnisse der Beine aus, wobei das eine Bein ständig mehr in Streckung mit z.T. Spitzfußhaltung gehalten wird als das andere.

Kopfgelenksdysfunktionen lassen sich auch an **unsymmetrisch ausgerichteten Hornhaut-Lichtreflexpunkten** in den Augen des Kindes beobachten. Wenn das Kind gerade aus guckt, sollten die sich reflektierenden Lichtquellen auf der Hornhaut der Augen symmetrisch ausgerichtet sein. In beiden Augen sind die weißen Licht-Reflexionspunkte z.B. seitengleich auf 9:00 Uhr positioniert. Wenn nun jedoch die Lichtpunkte in dem einen Auge seitlich auf 9:00 Uhr und in dem anderen weiter in der Mitte der Pupille positioniert sind, zeigt diese Asymmetrie sensomotorische Störungen an, die sich u.a. auf die Augenstellung auswirken und meist durch Missempfindungen aus der Nackenregion herrühren. In der Fachsprache spricht man von gestörten Hirnstammkonvergenzen (Neuhuber 2005, v. Heymann 2010). Auch wenn es sich hier so anhört, als wäre es etwas sehr Kompliziertes und Schwerwiegendes, muss man nicht in Sorge geraten. Durch gezielte osteopathische Behandlungen der oberen Nacken- und Schädelregion sowie im Bereich des Gaumens und z.T. auch des Kreuzbeines lassen sich diese komplex auftretenden Störungen im jungen Säuglingsalter gut verringern und meist sogar auch vollständig beheben. Sinnvoll ist auch eine begleitende PäPKI®-Förderung durchzuführen, bei der den Eltern Haltungen und Bewegungsübungen für ihr Kind gezeigt werden, um den erworbenen Bewegungseinschränkungen und den störenden Gewohnheiten im Alltag entgegenzuwirken.

Bei einigen Säuglingen liegt auch eine **symmetrische Kopfgelenksdysfunktion** vor, die sich in Form einer überstreckten Kopfhaltung nach hinten zeigt. Meist überstrecken sich diese Kinder auch beim Halten auf dem Arm und machen blitzschnell einen „Flitzebogen", so dass man Mühe hat, sein Kind sicher zu halten. Einige Eltern empfinden dieses Wegrichten beim Hochheben als Abwehrverhalten seitens ihres Kindes. Sie meinen, dass ihr Kind sie nicht mögen würde, und es nicht auf den Arm genommen werden möchte. Es sind jedoch lediglich Tonuserhöhungen, die zum Durchstrecken des Kindes führen und keiner emotionalen Intention entsprechen. In sehr seltenen Fällen kann eine symmetrische Kopfgelenksdysfunktion auch in Form einer starken Beugehaltung des Kopfes nach vorne zu Tage treten. Diese Kinder sind nicht in der Lage, ihren Kopf ohne Missempfindungen nach hinten abzulegen, wenn sie auf den Rücken gelegt werden.

Ursachen für erworbene Kopfgelenksdysfunktionen können sehr vielfältig sein: Schon während der Schwangerschaft kann das Kind aufgrund von **Platzmangel** im Bauch der Mutter eine über längere Zeit gleichbleibende meist einengende Haltung eingenommen haben, die häufig auch mit einer **Lageanomalie** einhergegangen ist. Unter der Geburt kann es dann zu weiteren ungünstigen Drücken auf die Nacken-Hinterhauptsregion z.B. durch Verwendung des Kristeller-Griffs oder zu ungünstigen Zugbelastungen in der Nackenregion gekommen sein, z.B. durch die Verwendung von **Geburtslöffel, Saugglocke** oder in Folge von etwas ungünstig verlaufenden **Kaiserschnittgeburten**.

Erstgeborene sind häufiger betroffen als nachfolgende Kinder, da der Geburtskanal meist noch recht eng ist und der Geburtsprozess länger dauert.

Ein wichtiger Aspekt, um Kopfgelenksdysfunktionen zu verringern oder sie gar nicht erst zu „ausgewachsenen“ Kopfgelenksdysfunktionen mit Schädelabflachungen, Bewegungseinschränkungen, Lageanomalien und vielfältigen sensomotorischen Störungen werden zu lassen, ist ein richtiges **Handling des Säuglings** (s. www.paepki.de im Shop: veranschaulichende Karten zu „Tragegriffen“ und „Sitzgelegenheiten“). Dazu gehört auch, dass der Säugling von Geburt an Erfahrungen beim **Liegen auf dem Bauch** machen muss. Wenn er wach ist, sollte man den Säugling immer wieder für einige Momente lang in Bauchlage evtl. auf den eigenen Bauch legen und mit ihm freundlich sprechen, so dass er versucht, Kontakt aufzunehmen und sich dabei hochstützt (Bein-Wierzbinski 2013 b).

Wird eine Kopfgelenksdysfunktion nicht behandelt, z.B. durch einen Osteopathen oder einen Kinderorthopäden, der eine Zusatzausbildung z.B. nach Arlen oder Gutenberg aufweist, können vielfältige sensomotorische Folgeerscheinungen daraus entstehen, die unter dem Begriff **„Kopfgelenk-induzierte Dyspraxie und Dysgnosie** (KIDD)“ zusammengefasst werden. Kopfgelenksdysfunktionen lassen sich ein Stück weit auch mit gezielter Ernährung gegen Nackenverspannungen lindern (s. S. 120).

Hinweise auf Kopfgelenksdysfunktionen/ KISS

- Stillen nur zur einen Seite möglich
- Fehlender Mundschluss
- Schwache Muskelspannung im Mund-Rachenbereich, so dass das Kind nur ein paar Schlückchen Milch saugt und dann erschöpft einschläft
- Zunge wird verdreht gehalten oder nicht mittig herausgestreckt
- Unterkiefer wird nicht symmetrisch gehalten
- Kopfschiefhaltung z.T. mit lagebedingter asymmetrischer Schädelverformung bzw. Schädelabflachung
- Unsymmetrische Haarabriebstelle am Hinterkopf
- Gesichtsasymmetrie mit unterschiedlich groß wirkenden Augen
- Einseitige Bindehautentzündung
- Augenstellung unsymmetrisch/ Lichtreflexpunkte auf der Hornhaut ungleich positioniert beim Geradeausblick
- Ohren nicht auf gleicher Höhe und unterschiedlich weit abstehend
- Körperschiefhaltung: Wirbelsäule macht einen C-förmigen Bogen (bis zum dritten Lebensmonat z.T. physiologisch)
- Übersteckte Kopfhaltung mit einschießendem Überstrecken des Rumpfes beim Hochnehmen
- Schlafhaltung häufig in Überstreckung des Kopfes nach hinten
- Geringe Kontrolle über Kopfhaltung
- Unterschiedliche Spannung und Haltung zwischen rechtem und linkem Arm sowie der Beine und Füße
- ein Arm in Henkelstellung: gebeugter Arm mit Fausthaltung der Hand
- Einseitige Hüftreifeprobleme
- Schlafstörungen: Kind wacht zwischendurch immer wieder auf und schreit untröstlich
- Gesäßfaltenasymmetrie

Internetseiten von Verbänden und Berufsgruppen, bei denen man Hilfe und unterstützende Behandlungen bei Kopfgelenksdysfunktionen erwarten kann:

www.aegamk.de
Ärztegesellschaft für Manuelle Kinderbehandlung und Atlastherapie e.V. (ÄMKA)

www.bv-osteopathie.de
Bundesverband Osteopathie e.V.

www.dgmm.de
DGMM Deutsche Gesellschaft für Manuelle Medizin

www.manmed.de
EWMM European workgroup for manual medicine

www.osteopathie.de
VOD e.V. – Verband der Osteopathen Deutschland

www.paepki.de
motorische und sensorische PäPKI®-Förderung im häuslichen Umfeld und Ernährungsberatung

Zusammensetzung der Muttermilch

Während der über Monate dauernden Stillphase ändert sich der Gehalt an Nährstoffen in der Muttermilch. Schwankungen der Nährstoffdichte in der reifen Muttermilch sind zum Teil genetischer Natur, zum Teil aber auch von den Nährstoffreserven und der täglichen Ernährung der Mutter abhängig. Die Nährstoffe, die für die Biosynthese der Muttermilch benötigt werden, stammen zum größten Teil aus der täglich aufgenommenen Nahrung der Mutter. Wenn „Zutaten" fehlen, werden gespeicherte Reserven aus den Depots der Mutter mobilisiert.

Muttermilch wird im Brustgewebe in den so genannten Alveolarepithelzellen gebildet. Diese Zellen extrahieren aus sehr feinen Blutgefäßen Wasser, Glucose, Aminosäuren, Fette, Vitamine, Mineralien und Spurenelemente und produzieren daraus Muttermilch.

Der Wassergehalt der Muttermilch liegt durchschnittlich bei knapp 88%. Die restlichen 12% ergeben sich aus über 200 Bestandteilen, die im Wasser gelöst sind. Die Konzentrationen der einzelnen Stoffe werden ständig angepasst. Einen großen Anteil nehmen hierbei energiereiche Kohlenhydrate, Fette und Eiweiße ein. Je nach Alter des Säuglings enthalten 100 ml reife Muttermilch zwischen 5 bis 6 g Milchzucker (Laktose, verdauliche Kohlenhydrate und Energielieferant), 1 bis 1,2 g unverdauliche Kohlenhydrate (Oligosaccharide), 3 bis 5 g Fette und Fettsäuren sowie 0,8 bis 1 g Eiweiße.

Die in den ersten 4 Wochen produzierte Vormilch (Kolostrum) ist in ihrer Zusammensetzung sehr reich an Proteinen, fettlöslichen Vitaminen (Vitamin A, E und K jedoch kein Vitamin D) und Mineralien und enthält zusätzlich auch sehr viele lebende Immunzellen, die direkt aus dem mütterlichen Blutkreislauf in die Vormilch gelangen. Dieser zusätzliche Immunschutz sorgt dafür, dass das Neugeborene trotz des noch nicht voll entwickelten Immunsystems vor Keimen geschützt ist.

Fette und Fettsäuren in der Muttermilch

Die Zusammensetzung der in der Muttermilch enthaltenden Fettsäuren ist maßgeblich von der Ernährung der Mutter abhängig. Vergleicht man Muttermilch mit Kuhmilch, so ist der Gehalt an langkettigen, mehrfach ungesättigten Fettsäuren (LCP) bei uns Menschen generell weit höher als bei Kühen.

Wir benötigen diese wertvollen Fettsäuren insbesondere für die Gehirnentwicklung sowie für die Reifung des Sehprozess im Bereich der Netzhaut. Langkettige, mehrfach ungesättigte Fettsäuren fungieren zudem als Vorstufen von Gewebshormonen und übernehmen wichtige Funktionen bei Stoffwechselprozessen.

Häufig erwähnt werden in diesem Zusammenhang die essentielle Docosahexaensäure (DHA) und die für Säuglinge ebenfalls essentielle Arachidonsäure (AA). Beide Fettsäuren muss das Kind über die Nahrung aufnehmen und kann sie nicht selber herstellen. Von Natur aus ist DHA besonders gut in fettem Fisch enthalten, wie z.B. Hering, Zuchtlachs, Makrele und Sardine. AA können wir über tierische Nahrungsmittel aufnehmen, wie z.B. Schafsfett, Eigelb und Schweineschmalz. Wenn die Mutter diese Nahrungsmittel (fetten Fisch und tierische Fette) ungefähr jeweils zweimal pro Woche zu sich nimmt, ist die Muttermilch ausreichend mit diesen Fettsäuren angereichert, so dass das Kind sie aufnehmen kann.

Fettreduzierte Diäten sollten während der Stillphase vermieden werden, da sich längerfristige Fettreduktionen auf die Zusammensetzung bzw. auf die Qualität der Fettsäuren in der Muttermilch auswirken können. Ernährt sich eine Mutter zwar hochkalorisch jedoch sehr fettreduziert, enthält die Muttermilch einen höheren Anteil an mittelkettigen Fettsäuren anstelle der gewünschten langkettigen. Eine stillende Mutter sollte daher darauf achten, dass sie ihren Energiebedarf nicht zu sehr mit zuckerhaltigen Lebensmitteln deckt, sondern genügend nahrungsphysiologisch hochwertige Fette zu sich nimmt, wie z.B. Butter als Streichfett, fettdurchwachsenes Fleisch von Lamm, Schwein und Rind sowie fetten Meeresfisch, wie z.B. Zuchtlachs, Hering, Makrele, Sardine.

EIWEISSE IN DER MUTTERMILCH

Der Eiweißgehalt der Muttermilch ist relativ gering im Vergleich zu Kuhmilch: Er beträgt 0,8 bis 1,4 g Protein (Eiweiß) pro 100 ml. Der niedrigere Eiweißgehalt ist an den noch unreifen Stoffwechsel sowie an die unreifen Ausscheidungsfunktionen der Niere des Säuglings angepasst. Es ist daher sinnvoll auch nach der Stillphase bzw. mit der Einführung der Beikost dem Kind nicht allzu eiweißreiche Kost zu füttern. Industriell gefertigte Desserts, Puddings und Joghurts werden schon für den Säugling ab einem Alter von 6 Monaten angeboten, die jedoch nicht zu einer gesunderhaltende Ernährungsweise zu zählen sind und lieber nicht gefüttert werden sollten.

Gut zwei Drittel der in Muttermilch enthaltenen Eiweiße setzen sich aus Molkeneiweißen zusammen, dem Albumin und Globulin. Molkeneiweiße sind gut verdaulich, da sie unter Einwirkung von Magensäure schnell feinflockig gerinnen. **Molkeneiweiße bestehen aus einer Vielzahl von Aminosäuren, von denen ein großer Anteil essentiell für uns Menschen ist und mit der Nahrung aufgenommen werden muss.** Hierzu zählen die Aminosäuren Tryptophan, Isoleucin, Leucin, Lysin, Methionin, Phenylalanin, Threonin und Valin als essenzielle Aminosäuren. In jungen Jahren zählen zusätzlich auch noch die Aminosäuren Arginin und Histidin dazu. Ein Erwachsener kann diese selbst herstellen.

Eine besondere Rolle in der Entwicklung des Nervensystems spielen die nicht essentiellen Aminosäuren Cystin und Taurin, die ebenfalls reichlich in Muttermilch vertreten sind. Taurin ist die zweithäufigste freie Aminosäure in der Muttermilch, die wesentlich an der frühen Hirnentwicklung beteiligt ist (Biesalski 2003). Sie wird ausschließlich aus tierischen Lebensmitteln zugeführt und kann vom Körper in geringeren Mengen auch selbst hergestellt werden. Bei Müttern, die sich streng vegetarisch ernähren, fallen daher die Taurinwerte in der reifen Muttermilch deutlich niedriger aus als bei Müttern, die Fleisch essen.

Viele dieser Aminosäuren dienen im Vitamin- und Mineral-Stoffwechsel als Transportmittel und sind somit unentbehrlich für ein gesundes Wachstum.

Während der ersten Monate scheint die tägliche Eiweißaufnahme der Mutter nur einen geringen **Einfluss auf die Eiweißkonzentration** der Muttermilch zu haben. Später hingegen nach ca. 3 bis 5 Monaten stillen, lässt sich beobachten, dass eiweißreiche Kost den Milchfluss verbessern kann. Auch Säuglinge, die über mehrere Tage keinen Stuhlgang mehr hatten, erlangen diesen wieder, wenn die Mutter sich eiweißreich ernährt (Beobachtungen aus der Praxis).

Neben den gut zu verdauenden Molkeneiweißen enthält Muttermilch auch Eiweiße, die unverändert aus der mütterlichen Nahrung über die Muttermilch an das Kind weitergegeben werden. Diese fremden Eiweißstrukturen scheinen ein frühes Training für das sich entwickelnde Immunsystem zu sein. Auf diese Art und Weise lernt das Kind, angemessen auf artfremde Eiweißstrukturen zu reagieren, ohne dabei eine Allergie oder eine Unverträglichkeit zu entwickeln. Um **Lebensmittelallergien** beim Kind vorzubeugen, wird heutzutage einer schwangeren und stillenden Mutter empfohlen, möglichst vielfältig zu essen und auch Nahrungsmittel mit artfremden Eiweißen, wie z.B. Fisch, zu sich zu nehmen (Koletzko et al. 2010).

Zu den Eiweißen in der Muttermilch zählen zusätzlich zu den nahrhaften Eiweißen auch Eiweißstoffe, die für den **Immunschutz** von Bedeutung sind. Hierzu zählen Antikörper, die Immunglobuline (IgA, IgG, IgM, IgE, IgD). In Abhängigkeit von den früheren Erkrankungen der Mutter hat die Mutter ein ganz persönliches Muster an Immunglobulinen, welches sie mit dem Stillen an das sich entwickelnde Immunsystem des Kindes weitergibt.

VITAMINE IN DER MUTTERMILCH

Bei den meisten Frauen in unseren Breiten enthalten Vormilch (Kolostrum) und reife Muttermilch ausreichende Konzentrationen an wasser- und fettlöslichen Vitaminen, so dass es beim Säugling nicht zu einem gravierenden Mangel mit nachhaltigen Erkrankungen kommen kann. Viele der Vitamine sind zudem in Muttermilch stets an Transportproteine gebunden, so dass sie fast ohne Verluste im Darm des Säuglings aufgenommen werden. In industriell gefertigter Säuglingsmilch müssen die Vitamingehalte höher sein, da die künstlichen Vitamine in ihrer Bioverfügbarkeit deutlich schlechter abschneiden (s. S. 71).

Von Natur aus geht die Versorgung des Kindes vor. Um die nötigen Nährstoffkonzentrationen in der Muttermilch zu ermöglichen, beginnt der Körper auf seine Vitamin- und Mineralstoffspeicher zurückzugreifen, um den Bedarf des Kindes zu decken. Dadurch werden die Speicher der Mutter zwar sukzessive geleert, aber das Kind wird ausreichend versorgt. Es ist jedoch ratsam, dass die Mutter auf ihre eigene Ernährung gut achtet, **um nicht selbst in eine Mangelsituation zu geraten.** Unterstützende Vorschläge werden ab S. 81 gegeben. Gerade bei nachfolgenden Schwangerschaften besteht die Gefahr, dass es durch zu starke Entleerung der Nährstoffspeicher zu entwicklungsbeeinträchtigenden Folgen für das sich neu entwickelnde Kind kommen kann (s. S. 60, alternative Ernährungsformen).

WASSERLÖSLICHE VITAMINE

Der Transfer von wasserlöslichen Vitaminen aus dem Blutserum der Frau in die Muttermilch läuft zum Teil über regulative Prozesse ab. **Aktive Transportmechanismen** in den Alveolarepithelzellen im Brustgewebe der Frau regulieren die wasserlöslichen Vitamin-Konzentrationen und sorgen dafür, dass es weder zu einem gesundheitsbeeinträchtigenden Zuviel noch zu einem gravierenden Zuwenig führen kann, solange die Mutter sich einigermaßen ausgewogen ernährt. Selbst wenn die Mutter zum Beispiel einen Vitamin B6-Mangel aufweist, der auch während der Schwangerschaft schon bestand und auf das Kind übergegangen ist, scheint dieser sich mit der Zeit bei vollgestillten Kindern zu verringern (Taschner 2010).

Die aktiven Transportprozesse in den Alveolarepithelzellen im Brustgewebe der Frau scheinen dafür zu sorgen, dass es zu einer möglichst ausreichenden Konzentration an wasserlöslichen Vitaminen in der Muttermilch kommt. Aktiv werden die nur in geringen Konzentrationen vorhandenen wasserlöslichen Vitamine aus dem Blutserum der Mutter heraus geschleust und über die Muttermilch an das Kind weitergegeben.

Schwankungen in den einzelnen Konzentrationen wasserlöslicher Vitamine kommen in der von Natur aus vorgegebenen Bandbreite vor. **Folsäurekonzentrationen** in der Muttermilch beispielsweise liegen bei Müttern mit ausgewogener Ernährung in einer Bandbreite von 80 bis 130 Mikrogramm pro Liter vor.

Vitamin C ist je nach Versorgungslage der Mutter zwischen 40 und 100 mg pro Liter Muttermilch vertreten, gemessen bei Müttern, die sich ernährungsphysiologisch gesund ernähren (Thomas et al. 1980). Bei mangelernährten Müttern liegt der Vitamin-C-Gehalt der Muttermilch deutlich niedriger. Schwankungen im Vitamin-C-Gehalt der Muttermilch sind auch zwischen Sommer und Winter zu messen. Im Sommer ist der Wert um ca. 25% höher als im Winter, was sicherlich mit dem vermehrten Konsum an frischem Gemüse und Obst in Form von Salaten und Säften im Sommer liegt (Tawfeek et al. 2002).

LEBENSMITTEL MIT GUTER BIOVERFÜG-BARKEIT BEZÜGLICH WASSERLÖSLICHER VITAMINE:

Vitamin B1
Hülsenfrüchte, Vollgetreide, Edelhefeflocken

Vitamin B2
Joghurt, Camembert, Brie, Sauermilchprodukte, Gemüsemais (auch der aus der Dose)

Vitamin B3 (Niacin)
vollreife Avocado, frische rohe Champignons, frischer Fenchel, Kartoffel, Banane

Vitamin B5 (Pantothensäure)
Haferflocken, Hülsenfrüchte (Linsen, Kichererbsen), frisches Popcorn

Vitamin B6
braune Linsen (Paradina-, Tellerlinsen), Vollkornreis, Roastbeef

Vitamin B9 (Folsäure)
dunkelgrünes Blattgemüse, Basilikum, frische Orange, Hähnchenschenkel (nicht tiefgekühlt)

Vitamin B12
Fleisch, v.a. Tatar, Roastbeef, Leber, Blauschimmelkäse

Vitamin C
frische gelbe Zitrusfrüchte, frisches Beerenobst, Petersilie, Kartoffel

Sofern die Versorgungsdichte an wasserlöslichen Vitaminen bei der Mutter jedoch zu stark absinkt, kann der aktive Transportprozess nicht aufrecht erhalten werden. Das Missverhältnis wirkt sich dann unmittelbar auch auf das Kind aus. Ganz nach dem Motte „wo nichts ist, kann auch nichts transportiert werden". Bei Müttern, die sich ohne jegliche tierische Lebensmittel ernähren (vegan) oder auch bei Müttern, die sich während der Schwangerschaft nicht ausreichend versorgen konnten, beispielsweise durch lang anhaltende Übelkeit mit starkem Erbrechen, kann es mit der Zeit zu einer Entleerung der mütterlichen Vitamin-Speicher gekommen sein, so dass die Versorgung des zu stillenden Kindes nicht mehr ausreichend ist. Hierbei ist insbesondere ein **Vitamin B12-Mangel bei vegan lebenden und auch zum Teil bei vegetarisch ernährten Müttern möglich.** Aber auch Mütter, die unter Essstörungen leiden, wie beispielsweise unter einer Ess-Brech-Sucht oder unter Magersucht, weisen meist zu geringe Vitaminwerte auf, so dass es trotz aktiver Transportmechanismen zu einer Unterversorgung beim Kind kommen kann.

Sobald die Mutter sich konzentriert mit Lebensmitteln versorgt, in denen die fehlenden Vitamine enthalten sind, lässt sich ein sprunghafter Anstieg der Vitaminkonzentrationen in der Muttermilch messen. In einer Studie (Tawfeek et al. 2002) mit Vitamin C wurden Mütter mit einem nachgewiesenen Vitamin-C-Mangel mit hohen Vitamin-C-Gaben versorgt. Der Vitamin-C-Gehalt in der Muttermilch stieg bei diesem Müttern schnell um das Dreifache an. Bei Müttern, die in Bezug auf Vitamin C zuvor nicht unterversorgt waren, ließ sich nur eine geringere Erhöhung durch das künstliche Vitamin C erreichen. Der aktive Transportmechanismus in den Alveolarepithelzellen sorgt für eine Regulierung der Vitamingehalte in der Muttermilch.

Vor einer Überdosierung an wasserlöslichen Vitaminen durch Muttermilchkonsum scheint das Kind somit von Natur aus geschützt zu werden. Dies trifft insbesondere auf Vitamin C, Vitamin B1 und Folsäure zu.

Wasserlösliche Vitamine in der Muttermilch in Bezug zur mütterlichen Ernährung

- **Folgende wasserlösliche Vitamine sind in Abhängigkeit von der mütterlichen Ernährung in der Muttermilch vertreten:** Vitamin B2, Niacin, Vitamin B6, Vitamin B12 sowie Pantothensäure (letzteres aus eigener Erfahrung). Dahingehend werden Folsäure, Vitamin B1 und Vitamin C nur bis zu einer Höchstgrenze in die Muttermilch abgegeben. Eine weitere, nahrungsbedingte Zufuhr scheint bei den letztgenannten Vitaminen keinen Einfluss auf die Vitaminkonzentrationen in der Muttermilch zu haben.
- Zusätzliche Vitamin-Gaben bei **Müttern ohne vorherige Mangelernährung** hatten auf die Folsäure- und Vitamin-B12-Konzentration in der Muttermilch keine Auswirkungen. Jedoch lassen sich die Konzentrationen von Vitamin B2, Niacin und Vitamin B6 in der Muttermilch durch zusätzliche Supplementierung weiter steigern. Die Veränderbarkeit von Vitamin-C- und Vitamin-B1-Konzentrationen in der Muttermilch ist bei Müttern ohne vorherige Ernährungsdefizite begrenzt.
- Eine positive Wirkung von Supplementen in Form einer Erhöhung an Vitamin-Konzentrationen in der Muttermilch bei **Müttern mit Mangelernährung** konnte bei folgenden wasserlöslichen Vitaminen erzielt werden: Vitamin C, B1, B2, Niacin, B6, Folsäure und Vitamin B12.

Modifiziert nach: Subcommitee on Nutrition during Lactation (1991), Tawfeek et al.(2002), Thomas et al. (1980)

FETTLÖSLICHE VITAMINE

Fettlösliche Vitamine nehmen eine besonders wichtige Rolle bei der Entwicklung der Organe ein. Im Gegensatz zu den wasserlöslichen Vitaminen, die katalytisch an den verschiedenen Stoffwechselprozessen beteiligt sind, steuern beispielsweise Vitamin A und D die Bildung und Ausdifferenzierung der Organe und deren Funktionen auf Zellkernebene. Die fettlöslichen Vitamine A, D, E und K gelangen zusammen mit den in der Milch gelösten Fette in die Muttermilch. **Ausreichend hohe Blutserum–Werte bei der Mutter bezüglich fettlöslicher Vitamine führen automatisch auch zu ausreichenden Werten in der Muttermilch. Zu niedrige Werte bezüglich fettlöslicher Vitaminen bei der Mutter führen entsprechend zu niedrigen Werten in der Muttermilch bzw. beim Säugling.**

Ernährt sich die Mutter ausgewogen und achtet ein wenig auf Lebensmittel mit guten Werten bezüglich fettlöslicher Vitamine, so sind ausreichende Vorkommen in der Muttermilch vorhanden.

Lebensmittel mit guter Bioverfügbarkeit bezüglich fettlöslicher Vitamine:

Vitamin A:
Leber, Butter, Eigelb

Vitamin D:
Hering, Lachs, Butter, Eigelb, fettes Schweinefleisch, Speck, fettes Lammfleisch, Gänseschmalz, Bio-Schweineschmalz, (Pilze, Kohl, Avocado)

Vitamin E:
Weizenkeimöl, Weizenkeime, Olivenöl, Rapsöl

Vitamin K:
Grünkohl, Brokkoli, Ruccola, Feldsalat, Fenchel, Sauerampfer, Kresse, Petersilie, dunkelgrünes Blattgemüse

Vitamin A

Vitamin A ist zusammen mit Beta-Carotin, einer Vorstufe von Vitamin A, besonders reichlich in der Vormilch vertreten. Der Vitamin-A-Gehalt reifer Muttermilch ist um ca. ein Drittel reduzierter als der aus der Vormilch. Die hohen Vitamin-A-Werte sorgen beim Neugeborenen für eine optimale Entwicklung der Epithelzellen (Deckgewebe) im Auge (Hornhaut), im Darm und in den Bronchien, so dass das Neugeborene nicht so schnell anfällig für Atmenwegs- und Darmerkrankungen ist.

Insbesondere bei Frühgeborenen spielt der Plasma-Vitamin-A-Wert eine besondere Rolle, da ein Mangel für die Lungenentwicklung kritische Auswirkungen haben kann. Säuglinge mit erniedrigten Vitamin-A-Werten im Blutplasma weisen sehr viel öfter Infektionskrankheiten im Bereich der Atemwege auf als Kinder mit ausreichender Vitamin-A-Versorgung. Hinzu kommt, dass der Serum-Vitamin-A-Spiegel während einer Infektionskrankheit im Bereich der Atemwege noch weiter abfällt (Biesalski 2003).

Damit Muttermilch ausreichende Mengen an Vitamin A enthält, sollten die Leberspeicher der Mutter gut mit Vitamin A gefüllt sein, bevor die Stillphase beginnt, was jedoch nicht immer ganz einfach ist. Schon während der Schwangerschaft wurden erhebliche Mengen an Vitamin A benötigt, da es essentiell für Wachstum und Entwicklung von Geweben ist.

Heutzutage geht man nicht mehr davon aus, dass eine gute Versorgung mit Beta-Carotin-haltigen Nahrungsmitteln, wie z.B. Tomaten, Karotten und dunkelgrünes Blattgrün, ausreichend ist, um die Vitamin-A-Versorgung beim sich entwickelnden Kind zu sichern (Biesalski 2003). Besser ist es, Vitamin A direkt aus Lebensmitteln aufzunehmen, wie z.B. aus Eigelb, Leber und fettem Meeresfisch, und nicht „nur“ das Provitamin A (Beta-Carotin), welches nach heutigen Kenntnissen nur in geringen Mengen zu Vitamin A umgewandelt wird. Der Schlüssel liegt bei 12:1 (Provitamin-A zu Vitamin A).

Aufgrund der sehr hohen Vitamin-A-Werte in Leber, wird Schwangeren jedoch seitens des BgVV (Bundesinstituts für gesundheitlichen Verbraucherschutz und Veterinärmedizin, Newsletter 20/1995) davon abgeraten, Leber in der Schwangerschaft zu verzehren. Nicht nur ein Mangel an Vitamin A, sondern auch eine stark überhöhte Zufuhr von Vitamin A kann fruchtschädigend wirken. Besonders zwischen der 3. und 9. Schwangerschaftswoche scheint es zu Fehlbildungen durch Vitamin A-Überdosierungen zu kommen. Laut eigenen Angaben des BgVV ist jedoch bislang nur *ein* Fall bekannt geworden, bei dem durch *täglichen* Leberverzehr Schwierigkeiten in der Schwangerschaft aufgetreten sind. In Übereinstimmung mit der Deutschen Gesellschaft für Ernährung wird Schwangeren denoch seitens des BgVV vorsorglich empfohlen, nicht mehr als 3 mg Vitamin A täglich aufzunehmen. Diese Menge würde man erreichen, wenn man täglich 20 Hühnereier oder zehn Liter Vollmilch oder 600 g Butter zu sich nehmen würde. Es ist relativ unwahrscheinlich, dass man diese Werte erreicht. Leber hingegen enthält durchschnittlich 18-37 mg Vitamin A pro 100 g Frischgewicht. Der tägliche Vitamin-A-Bedarf kann mit sehr geringen Mengen (8 bis 16 g) Leber gedeckt werden.

Für Stillende wird ein täglicher Bedarf von 1,5 mg Vitamin A pro Tag empfohlen, um ausreichende Mengen in der Muttermilch aufzuweisen. Da Vitamin A gut zwischengespeichert wird, reicht ein Konsum von ca. 75 bis 100 g Leber alle 10 bis 14 Tage aus, um ausreichende Vitamin-A-Konzentrationen an das vollgestillte Kind weiterzugeben. **Die Gefahr einer Vitamin-A-Überdosierung für den Säugling durch den Konsum von Muttermilch ist eher als gering einzuschätzen, da Vitamin A an Lipoproteine im Blutplasma und in der Muttermilch gebunden ist, die nur eine begrenzte Transportkapazität aufweisen.** Aufgrund möglicher Schadstoffbelastungen in der Leber, sollte man jedoch nur Leber von Bio-Tieren verzehren, vorzugsweise von Geflügel aus Bio-Betrieben.

Da Vitamin A und Vitamin D im Stoffwechsel Gegenspieler sind, kann sich der Bedarf an Vitamin A etwas erhöhen, sofern Vitamin-D-Präparate eingenommen werden bzw. im Sommer, wenn die Haut vermehrt direkter Sonnenbestrahlung ausgesetzt ist und Vitamin D dort synthetisiert wird.

Vitamin D

Untersuchungen (Überblickstudie von Thiele et al. 2013) haben ergeben, dass Mütter, die entweder künstliche Vitamin D-Präparate zu sich nehmen, sich Vitamin-D-reich ernähren oder durch starke Sonnenlichtexposition in der Haut viel **Vitamin D** synthetisieren, ausreichend hohe Vitamin-D-Werte in der Muttermilch aufweisen, um den Säugling umfassend mit Vitamin D zu versorgen. Der Wert bezüglich der Vitamin-D-Aufnahme bei der Mutter korreliert stark mit den Serum-Vitamin-D-Werten beim vollgestillten Säugling. Das bedeutet, dass eine zusätzliche Vitamin-D-Gabe beim Säugling nur erforderlich ist, wenn die Mutter zu geringe Vitamin-D-Serum-Werte aufweist.

Eine **mögliche Indikation für Vitamin D-Gaben** könnte z.B. sein, wenn die Mutter sich rein pflanzlich, vegan oder makrobiotisch ernährt und wenig direkte Sonnenstrahlung bekommt. Vitamin D ist besonders in tierischen Lebensmitteln als Cholecalciferol (Vitamin D3) enthalten, wie z.B. in Butter, Bio-Schweinefett und Gänseschmalz, Lachs, Forelle und Thunfisch. Einige pflanzliche Nahrungsmittel, wie z.B. Austernpilze, Pfifferlinge und Steinpilze sowie einige Kohlsorten, Spinat und Hefe enthalten Vitamin D2 (Ergocalciferol). Cholecalciferol und Ergocalciferol besitzen die gleiche Wirksamkeit

im Stoffwechsel. Die Mengenverhältnisse bzw. die Häufigkeit des Konsums der entsprechenden Lebensmittel fällt bei tierischen Produkten meist leichter.

Auch in der nass-kalten und grauen Jahreszeit, in der wir aufgrund der

Witterung nicht viel direktem Sonnenlicht ausgesetzt sind, so dass Vitamin D nicht auf natürliche Weise in der Haut synthetisiert werden kann, können maßvolle Vitamin D-Gaben nach ärztlicher Absprache sinnvoll sein. Ebenso sind Kinder und Mütter mit dunkel pigmentierter Haut in unseren Breitengraden mit geringerer Sonneneinstrahlung weniger in der Lage, ausreichend Vitamin D zu produzieren. Die dunkle Hautfarbe blockiert die Sonnenstrahlen, so dass sie eine intensivere und längere Sonnenbestrahlung benötigen als hellhäutige Menschen, um die gleiche Menge Vitamin D zu bilden. Gerade bei Einwandererfamilien aus südlichen Regionen können daher Vitamin-D-Gaben im Säuglingsalter oder für die stillende Mutter sinnvoll sein.

In vielen Regionen werden Säuglingen prophylaktisch zur Vorbeugung von Knochenerweichung (Rachitis) Vitamin D-Tabletten verabreicht, was jedoch kontrovers in der Fachliteratur diskutiert wird. Besser wäre es, bei vollgestillten Kindern vor einer Vitamin-D-Supplementierung den Vitamin-D-Wert in der Muttermilch bzw. den Serum-Vitamin D-Wert der Mutter kontrollieren zu lassen.

Zu hohe Vitamin-D-Gaben können sich nachteilig auf den Säugling auswirken. **Zu viel Vitamin D erhöht die Kalziumkonzentration** im Blut, was sich kurzfristig negativ auf den **Magnesiumspiegel** auswirken kann, so dass das Kind schlecht zur Ruhe kommen kann und die Erholungsphase durch Schlaf, in der sich der Körper regeneriert, vermindern kann. Langfristig kann ein chronisch zu hoher Kalziumspiegel im Blut (Hyperkalzämie) zu unerwünschten Kalziumablagerungen in den Nieren und in Blutgefäßen führen, was jedoch noch nicht im Säuglingsalter zu befürchten ist.

Ein hoher Vitamin-D-Spiegel bei der Mutter erhöht nicht automatisch den Kalziumwert in der Muttermilch (Basile et al. 2006). Dieser Zusammenhang besteht nicht. Der Kalziumspiegel in der Muttermilch fällt unabhängig von der Vitamin-D-Versorgung der Mutter innerhalb der ersten vier Monate etwas ab, was wohl mit den Kalziumvorräten der Mutter zu tun hat.

Da zu hohe Konzentrationen von fettlöslichen Vitaminen beim sich entwickelnden Säugling auch Schäden verursachen können, sollte nur nach ärztlicher Verordnung zusätzliches Vitamin D, E, A und K eingenommen werden.

Vitamin E

Die Vormilch ist besonders reich an Vitamin E. Hier ist der Gehalt 6-fach höher als der in reifer Muttermilch. Das fettlösliche Vitamin wirkt schützend vor Oxidation durch freie Radikale auf die Muskulatur, die roten Blutkörperchen sowie auf Zellmembranen in der Lunge und der Netzhaut im Auge. Gerade Frühchen weisen häufig einen Vitamin-E-Mangel auf. Bei ihnen ist die Gefahr bezüglich Hirnblutungen, Lungenschäden, Hämolyse (Auflösen der roten Blutkörperchen) und auch bezüglich Schädigungen der Netzhaut im Auge besonders groß (Taschner 2010).

Bei uns in Deutschland liegen die durchschnittlichen Verzehrmengen von 12 mg pro Tag an Vitamin E leicht unter der empfohlenen Menge von 15 mg pro Tag bzw. von 17 mg bei Stillenden. **Es ist daher zu empfehlen, bewusst auf Vitamin-E-reiche Kost zu achten, z.B. durch den abendlichen Verzehr von Weizenkeimen, etwas Weizenkeimöl oder durch andere pflanzliche hochwertige Öle, die jedoch weder erhitzt werden noch Licht ausgesetzt sein dürfen.** Auch ranzig schmeckende Öle dürfen nicht mehr verzehrt werden.

Vitamin E wird in der Leber für den Aufbau von Glykogen benötigt, dem Speicher-Kohlenhydrat. Glykogen ist besonders wichtig, um tagsüber bei Zuckermangel ausreichend schnell Energie in Form von Glucose frei zusetzen und fit zu sein. In der Nacht im Schlaf muss dann wieder Glykogen aufgebaut werden.

Durch längerfristigen, höheren Vitamin-E-Konsum kann es in der Muttermilch zu etwas erhöhten Vitamin-E-Werten kommen. Einzelne, zu hohe Vitamin-E-Gaben führen jedoch nicht zu erhöhten Werten in der Muttermilch, da Vitamin E nur gebunden an Lipidtransporter in die Muttermilch gelangt, deren Transportkapazitäten begrenzt sind.

Vitamin K

Vitamin K schützt vor Hirnblutungen durch den Aufbau von Gerinnungsfaktoren in der Leber. Gerade für Frühgeborene und für junge Säuglinge ist daher eine ausreichende Zufuhr an Vitamin K besonders wichtig. Vitamin K wird bei Säuglingen noch nicht ausreichend im Darm gebildet, da die vorherrschenden Bifidusbakterien und Laktobazillen nicht ausreichende Mengen dieses Vitamins synthetisieren können. Der Säugling muss daher Vitamin K über die Muttermilch aufnehmen. Da nicht davon ausgegangen werden kann, dass die Muttermilch immer ausreichende Konzentrationen an Vitamin K aufweist, wird hier zu Lande den Neugeborenen unmittelbar nach der Geburt sowie bei den Vorsorgeuntersuchungen U2 und U3 Vitamin K prophylaktisch supplementiert.

Fettlösliche Vitamine in der Muttermilch in Bezug zur mütterlichen Ernährung:

- **Folgende fettlösliche Vitamine sind in Abhängigkeit von der täglichen Ernährung der Mutter in der Muttermilch enthalten:**
- Vitamin A und D sowie wahrscheinlich auch Vitamin K.
- Zu Vitamin E sind keine eindeutigen Angaben zu finden.
- **Bei mangelernährten Müttern** ist eine Supplementierung von Vitamin A, D und K sinnvoll, da sie wirkungsvoll in die Muttermilch übergehen.
- Bei Vitamin E sind keine Untersuchungen diesbezüglich bekannt.
- Eine Supplementierung von Vitamin D und E bei **Müttern ohne Mangelernährung** führt zu einer Erhöhung der fettlöslichen Vitamine in der Muttermilch. Vitamin-A- und -K-Supplementierungen bei nicht mangelernährten Müttern führen nur zu geringen Erhöhungen der Vitamin-Konzentrationen in der Muttermilch.

Modifiziert nach: Subcommitee on Nutrition during Lactation (1991)

MINERALSTOFFE UND SPURENELEMENTE IN DER MUTTERMILCH

Der Gehalt an Mineralstoffen und Spurenelementen wird in den ersten 5 bis 6 Monaten der Stillzeit nur wenig durch die Ernährung der Mutter beeinflusst. Danach fällt der Mineralstoffgehalt ab, dennoch treten beim Säugling nur sehr selten Mangelsymptome auf.

MINERALSTOFFE

Kalzium

Wichtige Mineralstoffe für das heranwachsende Kind sind Kalzium, Magnesium, Phosphor und Kalium, da sie essenziell für die Knochenmineralisierung sind.

Die Kalziumversorgung des vollgestillten Kindes wird durch die Mobilisierung des mütterlichen Kalziums aus den Knochen sicher gestellt - und das weitgehend unabhängig von der täglichen Kalziumaufnahme der Mutter, die ca. bei 1000 mg pro Tag liegt. Grund hierfür ist die hormonelle Umstellung, die das vermehrt benötigte Kalzium aus den Knochen der Mutter freisetzt. Eine Erhöhung der Kalziumaufnahme mit der Nahrung kann diesen Mineralverlust des Knochens nicht aufhalten. Die benötigte Menge entspricht ca. 2% des Gesamtskelett-Kalziums, die innerhalb der ersten 100 Tage nach der Geburt an das Kind „fließen". Während der Schwangerschaft sind schon ca. 50 g Kalzium für den Aufbau der Knochen und Zähne des Kindes mobilisiert worden. Es wird daher empfohlen schon vor jeder Schwangerschaft ausreichend auf die Kalziumzufuhr zu achten, damit die Reserven während der Schwangerschaft und der Stillzeit nicht allzu sehr reduziert werden müssen.

Nach dem Abstillen füllen sich die Kalziumdepots (Knochen und Zähne) wieder auf durch hormonelle Veränderungen. Es handelt sich daher nur um einen vorübergehenden Verlust an Knochensubstanz.

Früher galt der Spruch „Pro Schwangerschaft ein Zahn". Durch den erhöhten Kalziumverbrauch wird auch aus den Zähnen Kalzium entzogen. Den Zähnen einer werdenden Mutter geht sozusagen Baumaterial verloren. Anders als bei den Knochen, lassen sich Schäden in den Zähnen in Form von abgebrochenen Zahnecken oder locker werdenden Inlays oder Plomben nicht wieder von selbst „reparieren". Hier ist zahnärztliches Geschick gefragt. Besser ist jedoch, es gar nicht so weit kommen zu lassen. Mit Hilfe einer ausgewogenen Ernährung unter Berücksichtigung des Kalziumstoffwechsels lässt sich dieser Verlust meist verhindern (siehe Frühstück Seite 85).

Nach der Stillphase ist auf eine gute Kalziumversorgung über die tägliche Nahrung zu achten, sowie auch in der Phase, in der das Kind nicht mehr vollgestillt wird und schon Beikost erhält. Je länger ein Kind gestillt wird und je mehr der mütterliche Hormonspiegel sich wieder dem Normalen anpasst (ca. nach 5 bis 6 Monaten nach der Geburt), um so weniger werden die Kalziumkonzentrationen durch die mütterlichen Knochenreserven sicher gestellt. Studien zeigen (Lönnerdal 1997), dass bei mangelernährten Frauen die Kalziumkonzentration in der Muttermilch bei ausgedehnter Stilldauer deutlich sinkt – und zwar auf einen Wert, der bei dem Kind zu einer Kalzium-Unterversorgung führen kann. Gleiches gilt auch für die Kalzium-Konzentration in der Milch von sehr jungen Frauen im Teenageralter, die sich selbst noch im Wachstum befinden. Auch hier kann es bei einem vollgestillten Kind bei ausgedehnter Stilldauer und gleichzeitig schlechte Kalziumzufuhr über die Nahrung zu einer Kalzium-Unterversorgung kommen.

Um einer möglichen Kalzium-Unterversorgung entgegenzuwirken und den Einbau des Kalziums in den Knochen zu verbessern, empfiehlt Tönnies Kalzium zusammen mit ein wenig Vitamin D am Morgen aufzunehmen. Geeignete Frühstücksgerichte sind beispielsweise Rührei/ Omelette mit Parmesan, Butterbrot mit Hartkäse (z.B. Appenzeller/ Gruyère) oder sauer eingelegter Hering in Aspik (siehe ab Seite 84).

Magnesium

Magnesium ist ebenfalls besonders wichtig für die Mineralisierung der Knochen. Des Weiteren spielt Magnesium eine wichtige Rolle im Energiestoffwechsel und bei der Reizübertragung im Nervensystem.

Während der Schwangerschaft und der anschließenden Stillphase werden – wie bei Kalzium auch – die mütterlichen Reserven in den Knochen zur Aufrechterhaltung des Magnesiumspiegels reduziert. Studien zeigen, dass eine vierwöchige Supplementierung von Magnesium in der Stillzeit keine besondere Erhöhung der Magnesium-Konzentrationen in der Muttermilch mit sich bringen, jedoch die mütterliche Versorgungslage deutlich positiv beeinflusst wird. Damit die Mutter durch den Mehrbedarf in der Schwangerschaft und Stillzeit nicht allzu große Magnesium-Defizite aufweist, wird sogar dazu geraten, Magnesium während der Schwangerschaft und auch während der Stillperiode in Form von Magnesium-Präparaten zu supplementieren (Spätling et al. 1998).

Da Magnesium und Kalzium Gegenspieler in Stoffwechsel darstellen, **rät Tönnies zu einer Aufnahme von Magnesium am Abend, z.B. in Form von grünem Gemüse, und zu einer Aufnahme von Kalzium am Morgen, z.B. in Form von Hartkäse.** So sind beide Mineralstoffe ausreichend im Körper vertreten ohne dass überschüssige Mineralienkonzentrationen über die Nieren ausgeschieden werden müssen und es evtl. sogar zu einer Steinbildung in den Nieren kommt.

Phosphor

Phosphor ist ebenfalls in großen Mengen in unserer täglichen Nahrung enthalten, so dass es eher nicht zu einer Unterversorgung kommen kann. Es ist notwendig für die Zellfunktionen und zusammen mit Kalzium Bestandteil der Knochen. In der Muttermilch ist das Verhältnis von Phosphor und Kalzium besonders gut auf einander abgestimmt, damit Kalzium optimal verwertet wird und in die Knochen des Kindes eingebaut werden kann.

Die Mutter nimmt Phosphor über fast alle Nahrungsmittel auf. Besonders gut ist Phosphor in Fisch, Fleisch, Eiern und Milch vertreten.

Kalium

Kalium ist ein Mineralstoff, der in großen Mengen in unserer täglichen Nahrung enthalten ist, so dass es diesbezüglich eher nicht zu Mangelversorgungen kommt. Kalium reguliert zusammen mit Natrium den Wasserhaushalt und zusammen mit Magnesium und Vitamin A das Säure-Basen-Gleichgewicht in den Zellen. Kalium ist besonders in pflanzlicher Nahrung, wie z.B. in Obst und Gemüse vertreten.

SPURENELEMENTE

Jod

Aufgrund der beim Säugling sehr eingeschränkten Jodspeicherkapazität der Schilddrüse und der entsprechend hohen Sensitivität gegenüber Schwankungen in der Jodzufuhr, ist insbesondere in dieser Lebensphase eine ausreichende und möglichst gleichmäßige Jodversorgung von Bedeutung.

Neuere Studien (Remer et al. 2010) belegen, dass sich bereits ein geringer Jodmangel in der Schwangerschaft und in den ersten Lebensjahren ungünstig auf die Gehirnentwicklung auswirken kann. Dieses kann sich u.a. durch Bewegungsarmut zeigen. Des Weiteren kann es durch eine Jod-Unterversorgung zu einer verlängerten Neugeborenengelbsucht kommen.

Die Jodversorgung des Kindes hängt unmittelbar von der täglich aufgenommenen Menge an Jod über die mütterliche Nahrung ab. Hierzu eignen sich Meeresfisch sowie die Verwendung von Meersalz (nicht rieselfähig) besonders gut, um die Jodzufuhr zu sichern. Von dem Konsum von Algenextrakten ist während der Schwangerschaft und während der Stillphase abzuraten, da in diesen Produkten meist auch hohe Schadstoffgehalte zu messen sein können.

Sofern man in einer sehr jodarmen Region lebt, um so mehr sollte man darauf achten, dass die Jod-Versorgung ausreichend ist. In Absprache mit der Gynäkologin bzw. dem Gynäkologen – und wenn möglich auch abgesichert durch eine Blutuntersuchung – kann eine **zusätzliche Jod-Supplementation** sinnvoll sein. **Ein daraus entstehender, möglicher Jod-Überschuss ist beispielsweise zu spüren an einer sehr aktiven Schilddrüse mit einhergehender schmetterlingsförmiger Hautrötung im Bereich der Schilddrüse, an sehr schmerzempfindlichen Zähne und auch an einer sehr berührungsempfindlichen Haut.**

Zink und Kupfer

Die Spurenelemente Zink und Kupfer unterliegen einer strengen physiologischen Regulation, die mit zunehmender Stilldauer zu geringeren Werten in der Muttermilch führt (Biesalski 2003). Zink- und Kupfer-Supplemente während der Stillzeit führen nicht zu erhöhten Werten in der Muttermilch.

Das Verhältnis von Kupfer zu Zink in der Muttermilch bleibt innerhalb der ersten zwei Monate nach der Geburt immer gleich und zwar unabhängig vom Alter der Mutter und von zusätzlichen Eisen-, Vitamin- und Mineral-Supplementationen (Orun et al. 2012). **Jedoch können zusätzliche Eisen-Gaben die Kupferwerte bei der Mutter reduzieren,** was auf Wechselwirkungen zwischen den Elementen Eisen und Kupfer hindeutet (Mello-Neto et al. 2010, 2012). **Da Kupfer und Zink ebenfalls Gegenspieler im Stoffwechsel darstellen, wirkt sich ein erniedrigter Kupfer-Wert, der evtl. durch Eisen-Tabletten hervorgerufen wurde, auf die Zink-Verwertung bei der Mutter aus.**

Zu Beginn der Stillphase sind die Spurenelemente-Depots im Körper der Mutter meist recht gut gefüllt. Nach fünf bis sechs Monaten Vollstillen kann es jedoch zu Reduzierungen kommen. Ungleichgewichte zwischen den einzelnen Spurenelemente-Konzentrationen können Wirkung zeigen, da es zu einem Missverhältnis im Stoffwechsel kommen kann. Der Konsum von Zink-reichen Nahrungsmitteln kann dann beispielsweise schnell zur Symptomatik einer Zink-Überversorgung bzw. zu latenten Kupfer-Unterversorgungs-Symptomen, wie Kopfschmerzen und raue Ellenbogen bei der Mutter führen. **Das Missverhältnis von Kupfer und Zink wirkt sich beim Säugling dann schließlich in Form von Gneis-/ Grind-Bildung auf der Kopfhaut aus. Kinder mit Neigung zu Neurodermitis können dadurch Milchschorf bilden.**

Eisen

Eisen benötigen wir u.a. für den Sauerstofftransport im Blut. Ein Eisenmangel führt zu einer Anämie, einer so genannten Blutarmut. Es kommt zu einer Verminderung der Hämoglobin-Konzentration im Blut, die mit einer verminderten Anzahl roter Blutkörperchen einhergeht, sowie einer Reduzierung der Sauerstoff-Transportkapazität des Blutes. Betroffene sehen daher meist sehr blass aus, neigen zu blauroten Lippen und bläulich schimmerndem Augenweiß.

Während der Schwangerschaft und Stillzeit ist es besonders wichtig, dass die Eisenversorgung sicher gestellt ist. Besonders günstig ist es, wenn die Mutter schon vor einer Schwangerschaft ausreichende Eisenreserven aufbauen kann. Untersuchungen bezüglich Eisensupplementationen während der Schwangerschaft zeigen, dass diese bei nicht-anämischen Schwangeren vor einer entstehenden Anämie schützen können. Bei anämischen Schwangeren jedoch lassen sich die Eisen-Werte nicht durch Eisen-Supplemente verbessern. Während der Stillphase führen Supplementationen ebenso nicht zu verbesserten bzw. höheren Eisenwerten in der Muttermilch (Mello-Neto et al. 2012). Tröstlich ist jedoch, dass gleichermaßen anämische und nicht-anämische Frauen die fast gleichen Eisen-Konzentrationen in der Vormilch und reifen Muttermilch aufweisen (Chang et al. 1999). **Die Eisen-Konzentrationen in der Muttermilch scheinen auf Kosten der mütterlichen Reserven zu gehen.**

Von Natur aus sind die Eisenreserven, die ein Säugling bei der Geburt vorweist, zusammen mit den täglichen, zusätzlichen Aufnahmen des leicht zu verwertenden Eisens aus der Muttermilch meist ausreichend, um eine gute Eisenversorgung beim Kind in den ersten Lebensmonaten zu sichern (Pisacane et al. 1995).

Die Eisenversorgung über Muttermilch scheint sogar auf lange Sicht leichter herzustellen zu sein, als über industrielle Säuglingsmilchnahrung oder über mit Eisen angereicherte Getreidebreie in der Beikostphase. Von 37 untersuchten Säuglingen (Pisacane et al. 1995) waren gut ein Drittel nach sieben Monaten Vollstillen zwar zunächst anämisch. In einem Alter von einem und auch zwei Jahren wiesen diese zuvor anämischen Kinder dann jedoch deutlich höhere Eisenwerte auf als jene Kinder, die mit weniger als sieben Monaten bereits feste Nahrung bekommen hatten. **Stillen über einen Zeitraum von sieben Monaten und länger scheint sich daher günstig auf den Eisenspiegel im Kleinkindalter auszuwirken. Zu empfehlen ist daher, dass die Mutter ihr Kind nicht gänzlich mit der Einführung der Beikost abstillt, sondern in geringerem Umfang weiterstillt.** Bei der Breieinführung ist besonders darauf zu achten, dass die verwendeten Breisorten auch genügend Eisen enthalten. In „Einführung der Beikost" von Bein-Wierzbinski, zu bestellen über www.paepki.de, werden diesbezüglich geeignete Zutaten und Rezepte beschrieben.

MÖGLICHE AUSWIRKUNGEN VON EISENMANGEL WÄHREND DER SCHWANGERSCHAFT UND STILLZEIT FÜR DAS SICH ENTWICKELNDE KIND

Studien haben gezeigt, dass ein Eisen-Mangel während der Schwangerschaft und während der ersten Lebensjahre die Entwicklung dopaminabhängiger Hirnstrukturen beeinträchtigen kann. **Dopamin** ist ein Neurotransmitter, der im Volksmund auch als Glückshormon bezeichnet wird und dessen Funktion in den Bereichen der Antriebssteigerung und Motivation zu sehen ist. Sofern in der frühen Kindheit ein Eisenmangel vorlag, kann es zu bleibenden Hirnfunktionsstörungen kommen, die auch noch im Jugendlichenalter zu Konzentrationsschwächen, ADHS, Lernschwächen und Schlafstörungen führen können (Müller 2007).

Des Weiteren lassen sich auch noch andere **Transmitterveränderungen** in Folge eines Eisenmangels in der frühen Entwicklung des Kindes beobachten: Unter Eisenmangel ist die Freisetzung, der Transport, die Aufnahme und der Abbau diverser Neurotransmitter verändert, mit der Folge, dass es beispielsweise zu einer Unterfunktion von Dopamin, Serotonin, GABA und Acetylcholin kommt und zu einer meist kompensatorischen Hochregelung von Noradrenalin (Müller 2007).

Eisen spielt auch eine gravierende Rolle in der **Immunabwehr.** Unter Eisenmangel kommt es zu einer geringeren zellulären Abwehr (Phagozytose), so dass bakterielle und virale Infektionen sowie ein Pilzbefall begünstigt werden.

Selen

Selen ist ein Spurenelement, welches wir insbesondere durch den Konsum von tierischen Lebensmitteln aufnehmen. Meeresfrüchte und Fisch, wie z.B. Jakobsmuscheln und Thunfisch, sind reich an Selen. Aber auch Fleisch und Innereien (Niere 1200 µg/100 g, Leber 800 µg/100 g), sowie Käse (60 µg/100 g) und Eier (40 µg/100 g) weisen ebenfalls recht gute Selenwerte auf (Russell 2003). Durchschnittlich stammen rund 28% des aufgenommenen Selens aus dem Verzehr von Fleisch, insbesondere Schweinefleisch und rund 16% aus Eiern. Pflanzliche Lebensmittel tragen relativ wenig zur Gesamtselenaufnahme bei (Kasper 2009). Die Selenanreicherung in Getreide und Gemüse ist in Abhängigkeit der Selengehalte der Böden zu sehen.

Selen fungiert im Körper als Bestandteil einiger Enzyme, z.B. der Dejodasen, die für die Bildung der Schilddrüsenhormone benötigt werden.

Darüber hinaus schützt Selen als Enzymbestandteil (Glutathion-Peroxidase) zusammen mit anderen Antioxidantien (Radikalfängern) die Zelle vor oxidativen Schäden.

Obwohl Selen ein Spurenelement ist, welches sehr nützlich für den Menschen ist, gibt es Gründe, warum Selen nicht extra vor, während und unmittelbar nach der Schwangerschaft während des Stillens supplementiert werden sollte, z.B. in Form von Selen-Hefe. In Selen-Hefe ist Selen an Methionin gebunden, eine schwefelhaltige Aminosäure. Untersuchungen haben ergeben, dass sich diese Verbindung im Stoffwechsel nur zu einem Teil löst. Bleibt die Verbindung bestehen, wird sie in inneren Organen gespeichert. Bei katabolen Prozessen, in denen körpereigene Substanz abgebaut wird, wie beispielsweise nach einer Schwangerschaft, wird die Selen-Methionin-Verbindung unkontrolliert in großen Mengen freigesetzt. Eine mögliche Überdosierung beim vollgestillten Säugling kann die Folge sein, denn Selen geht ungehindert in die Muttermilch über. Während der Schwangerschaft passiert Selen die Planzentaschranke. Ein hoher Selen-Serum-Spiegel bewirkt auch eine hohe Selen-Konzentration in der Muttermilch (Funk et al.).

Es scheint darauf anzukommen, wie Selen in dem Nahrungsmittel gebunden ist, in Bezug auf dessen Verwertbarkeit für uns. Generell stellt Deutschland kein Selen-Mangelgebiet dar, so dass man sich bei einer ausgewogenen Ernährungsweise nicht darum sorgen muss, dass man nicht ausreichend Selen zu sich nimmt.

In den letzten Jahren konnte beobachtet werden, dass es Wechselwirkungen zwischen Jod und Selen gibt: **Zu hohe Selen-Gaben bewirken eine Symptomatik eines Jod-Mangels, der sich in Form einer Schilddrüsenunterfunktion auswirken kann.** So kann es passieren, dass Symptome eines Jod-Mangels bewirkt werden, obwohl ausreichende Mengen an Jod z.B. über Meersalz konsumiert wurden. Gerade während der Schwangerschaft und während der Stillzeit sollte daher kein zusätzliches Selen über Selen-Hefe supplementiert werden.

Mütter, die früher einmal konsequent über einen längeren Zeitraum Selenhefe eingenommen haben, sollten möglichst nicht stark ihr Gewicht reduzieren, während sie noch stillen. Zusätzlich sollten sie auf eine ausreichende Jodzufuhr achten (s. S. 55).

Mineralien und Spurenelemente in der Muttermilch in Bezug zur mütterlichen Ernährung:

- **Folgende Mineralien und Spurenelemente sind in Abhängigkeit von der täglichen Ernährung der Mutter in der Muttermilch enthalten:** Selen, Jod, Natrium, Kalium.
- Folgenden Mineralien und Spurenelemente sind in ihren Konzentrationen relativ unabhängig von der täglichen Ernährung der Mutter in der Muttermilch enthalten: Kalzium, Magnesium, Eisen, Zink, Kupfer.
- Die Werte bleiben ca. 5 Monate stabil in Abhängigkeit von den Reserven der Mutter. Nahrungsbedingte Unterversorgungen werden auf Kosten der Mineralstoffspeicher der Mutter ausgeglichen.
- Bei **mangelernährten Müttern** wirkt sich eine Supplementation von folgenden Mineralien und Spurenelementen wirkungsvoll auf die Konzentrationen in die Muttermilch aus: Kalzium, Eisen, Zink, Kupfer, Selen und Jod. Dieses gilt evtl. auch bei weniger untersuchten Spurenelementen, wie z.B. Mangan, Molybdän, Magnesium, Kalium, Natrium, Fluor, Kobalt, Phosphor, Schwefel, Silizium und Zink.
- Eine Supplementation von Selen und Jod **bei Müttern ohne Mangelernährung** führt zu einer Erhöhung der Selen- und Jod-Konzentration in der Muttermilch.
- Eine Kalzium-Supplementation bei nicht mangelernährten Müttern führen nur zu geringen Erhöhungen der Kalzium-Konzentration in der Muttermilch.
- **Die Angaben beziehen sich immer nur auf die ersten 2 bis 5 Monate nach der Geburt und nicht auf lang anhaltendes Vollstillen. Mit der Zeit können durch geleerte Speicher die Konzentrationen nicht immer aufrecht erhalten werden, sofern über die tägliche Nahrung nicht ausreichend Nährstoffe aufgenommen werden. Der Eisenwert scheint dies bezüglich am kritischsten zu sein.**

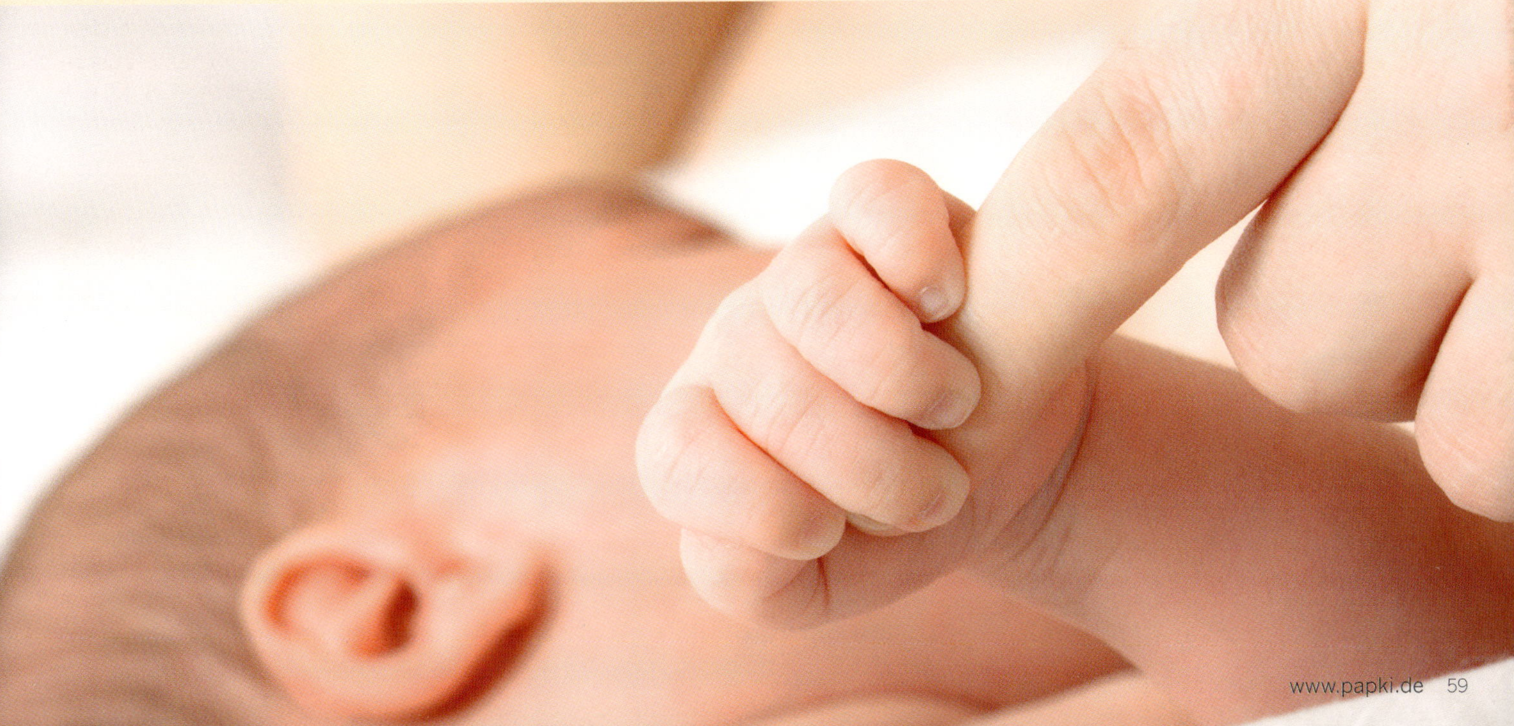

MÖGLICHE RISIKEN BEI VEGANER, MAKROBIOTISCHER ODER STRENG VEGETARISCHER ERNÄHRUNGSWEISE

Eine vegane oder streng vegetarische, makrobiotische Ernährungsweise kann sich ungünstig auf die Versorgungslage der Mutter während der Schwangerschaft und Stillzeit und auf die Entwicklung des gestillten Kindes auswirken.

Ernährungsformen mit rein pflanzlicher Kost gehen bei gesunden Erwachsenen meist sehr lange gut, ohne dass Ernährungsmängel zu beobachten sind. Der Stoffwechsel des Erwachsenen schaltet auf eine Sparschaltung. Bei Mehrbedarf z.B. während der Schwangerschaft kommt es häufig jedoch zu Defiziten an lebenswichtigen Nährstoffen, die sich auch auf das sich entwickelnde Kind übertragen können. **Der wachstumsbedingte Mehrbedarf im Säuglings- und Kindesalter kann zu schweren Schädigungen des zentralen Nervensystems und anderer Organe führen** (Heine 2000). Dies trifft insbesondere für vollgestillte Säuglinge streng vegetarisch lebender Mütter zu, ohne dass bei der Mutter klinisch manifestierte Mangelerscheinungen nachweisbar bestehen müssen. Gerade bei vegan lebenden Müttern scheint eine Unterversorgung am lebenswichtigen Vitamin B12 sowie auch an Eisen (s. S. 57) eine gravierende Rolle zu spielen. Vitamin B12 ist von essentieller Bedeutung für die Blutbildung, die Funktionen des Nervensystems, die Intaktheit der Schleimhäute des Magen-Darm-Traktes und die Regulierung zahlreicher weiterer Vitamin-B12-abhägiger Stoffwechselprozesse (Schmidt 2012). Ein Vitamin B12-Mangel kann erhebliche Auswirkungen auf die Entwicklung des noch ungeborenen Kindes und seines Gesundheitszustands nach der Geburt haben, und zwar in Form von hämatologischen und neurologischen Störungen mit nachhaltigen Folgen, sofern nicht für eine ergänzende Zufuhr beim Säugling gesorgt wird. Die entstehenden Störungen sind meist zunächst unspezifisch. Während der Schwangerschaft ist zu beobachten, dass die fetale Entwicklung verzögert stattfindet. Dies ist auf eine verzögerte Myelinisierung und Demyelinisierung von Nerven zurückzuführen. Auch kann es zu erhöhten Laktatwerten in den Gehirnzellen kommen.

Nach der Geburt können beim Säugling sich dann vielfältige, unspezifische neurologischen Symptome zeigen, wie z.B. Reizbarkeit, Apathie, Appetitlosigkeit, häufiges Erbrechen sowie motorische und psychische Entwicklungsstörungen. Die hämatologischen Störungen bestehen in der Entwicklung einer Megaloblastenanämie bis hin zu schwerwiegenden Blutbildungsstörungen, die durch eine zitronengelbe Hautverfärbung sichtbar werden kann. Die Vielzahl an möglichen Störungen sind glücklicherweise durch eine Behandlung der Säuglinge mit Vitamin B12 weitgehend gut behebbar. Besser als eine nachträgliche Vitamin-B12-Supplementation wäre eine prophylaktische Gabe des Vitamins schon während der Schwangerschaft und über die Stillzeit hinaus bei Müttern mit rein pflanzlicher Ernährungsweise.

Es ist auch zu lesen, dass vegan oder streng vegetarisch lebende Mütter ihre Kinder lieber nicht stillen sollten, aufgrund möglicher Unterversorgungen. Wegen der positiven immunologischen Wirkungen der Vormilch, sowie der positiven Bindungsaspekte sollte eine vegan und auch eine streng vegetarisch lebende Mutter zunächst jedoch vollstillen. Im Laufe der Zeit kann in Erwägung gezogen werden, ob der Säugling zusätzlich auch mit industrieller Säuglingsmilch zugefüttert wird. Eine Versorgung mit Kalzium, Jod, Eisen, Vitamin B12 und Vitamin D wären dann weitgehend gesichert, da diese Nährstoffe bedarfsdeckend in den Säuglingsmilch enthalten sind.

Insbesondere bei nachfolgenden Schwangerschaften ist auf die Versorgung mit Nährstoffen zu achten. Da sich die Reserven durch vegan oder streng vegetarische Ernährungsweise nur sehr langsam und in geringem Umfang füllen lassen, kann es in einer nachfolgenden Schwangerschaft zu gravierenden Unterversorgungen beim sich entwickelnden Kind kommen. Zudem ist mit zunehmender Zahl der Schwangerschaften auch die Muttermilch vegan lebender Mütter immer mehr verarmt an lebenswichtigen Spurenelementen und wasser- und fettlöslicher Vitaminen. Die Reserven im Körper der Mutter sind durch die defizitäre Zufuhr an Nährstoffen schnell aufgebraucht (Heine 2000).

Gruppe	Fehlende Lebensmittel	Kritische Nährstoffe
Semivegetarier	Rotes Fleisch, Leber	Mineralien, Spurenelemente, Vitamin A
Ovo-Lacto-Vegetarier	Fleisch, Leber	Mineralien, Spurenelemente, Vitamin A, Zink
Lacto-Vegetarier	Fleisch, Eier	Eiweiß, Mineralien, Spurenelemente, Vitamin A, Zink
Ovo-Vegetarier	Fleisch, Milchprodukte	Eiweiß, Mineralien, Spurenelemente, besonders Eisen und Zink, Vitamin A, Vitamin B2, Vitamin B12, Vitamin D
Veganer	Fleisch, Milch, Eier, Fisch	Eiweiß, Mineralien, Spurenelemente, besonders Eisen und Zink, Vitamin A, Vitamin B2, Vitamin B12, Vitamin D, essentielle Fettsäuren

Modifiziert nach Lawrence (1998): 321 und Biesalski (2003):193

260
240
220
200
180
160
140
120
100
80
60
40

Empfehlungen zu industriell hergestellter Säuglingsmilchnahrung

Wenn das Kind nicht gestillt bzw. mit abgepumpter Muttermilch gefüttert werden kann, muss es mit industriell hergestellter Milchnahrung für Säuglinge gefüttert werden. Hierzu eignen sich für das gesamte erste Lebensjahr die Säuglings-Milchpulver „Pre“ und „Nr. 1“ der unterschiedlichen Anbieter, die möglichst korrekt den Angaben auf der Verpackung zufolge zubereitet werden sollen. Folgemilch (Nr. 2 und Nr. 3) ist - wenn überhaupt – frühestens mit Einführung des Beikostbreis zu empfehlen. Notwendig ist die Verwendung von Folgemilchnahrung nicht.

Wenn Muttermilch ergänzt oder ersetzt werden muss, ist nur industriell hergestellte Säuglingsmilchnahrung sinnvoll

Von der eigenen Herstellung von Säuglingsmilch unter Verwendung von Kuh-, Ziegen-, Schafs- oder Stutenmilch wird seitens der Fachgesellschaften DGKJ und DGE in den ersten (sechs) Monaten **abgeraten**. Selbst hergestellte Säuglingsmilch erreicht in ihrer Zusammensetzung in Bezug auf Ausgewogenheit der Inhaltsstoffe nicht die Qualität von industriell hergestellter Säuglingsmilchnahrung. Des weiteren ist bei selbst hergestellter Säuglingsmilch die hohe Belastung der Nieren bei der Ausschleusung der Endprodukte vom Eiweißstoffwechsel (v.a. Harnstoff), Natrium sowie Kalium zu bemängeln. Zusätzlich ist ein erhöhtes Risiko beim Säugling vorhanden, an Magen-Darm-Infektionen zu erkranken.

Erst mit Einführung der Beikost kann auf einen begrenzten Konsum an Kuhmilch z.B. beim Herstellen von Getreide-Milchbrei, zurückgegriffen werden. Die Tageshöchstmenge darf jedoch nicht 200 ml überschreiten und es darf aufgrund von Verunreinigungen mit Krankheitserregern nur pasteurisierte Milch und keine Rohmilch verwendet werden. Der Fettgehalt der Milch bei Breinahrung sollte nicht niedriger als 3,5% sein.

Vom Konsum von **Milchersatzprodukten,** wie z.B. Hafer- oder Sojamilchdrinks, wird für Kinder im Säuglingsalter und auch noch später ebenfalls abgeraten. In einigen Fällen ist es jedoch aufgrund medizinischer Indikation notwendig auf Sojamilchdrinks sowie auf andere Säuglings-Spezialnahrung zurückzugreifen, was dann jedoch nur nach ärztlicher Anweisung stattfinden sollte.

Zubereitung der Säuglingsmilchnahrung

Bei der Zubereitung der Muttermilchersatznahrung ist darauf zu achten, dass sie den Angaben auf der Verpackung entsprechend zubereitet wird. Hierbei kommt es darauf an, dass weder zu wenig Milchpulver noch zu viel in Bezug auf die Wassermenge genommen wird.

Um einer möglichen Verunreinigung und Keimbelastung entgegen zu wirken, ist einerseits darauf zu achten, dass das Milchpulver nach Öffnung der Packung nur 28 Tage lang verwendet werden darf. Andererseits ist darauf zu achten, dass das Wasser zum Anrühren der Milch frisch ist. Wenn das eigene Leitungswasser oder auch Wasser aus einem kontrollierten Hausbrunnen nicht durch zu hohe Nitratwerte, Schwermetalle oder Keime belastet ist, kann es ohne Bedenken verwendet werden. Leitungswasser ist in Deutschland eines der meist kontrollierten Lebensmittel und kann daher fast immer unbesorgt für die Zubereitung von Säuglingsnahrung verwendet werden. Es sollte jedoch weder abgestanden noch durch zusätzliche Wasserfilter gelaufen sein.

Für die Säuglingsnahrung ist es sinnvoll, das Wasser so lange aus dem Hahn fließen zu lassen, bis das warme Wasser abgelaufen und nur noch kaltes Wasser herausfließt. Wasser aus einem Boiler eignet sich häufig weniger, da es zur Verunreinigung gekommen sein kann. In Gebäuden mit alten, bleihaltigen Wasserleitungen, die gereinigt wurden sowie in Neubauten, in denen erst vor kurzem Kupferrohre verbaut wurden, kann es noch zwei Jahre lang zu erhöhten Metallwerten im Leitungswasser kommen.

In einigen Regionen, in denen das Grundwasser unter land- und forstwirtschaftlich genutzten Flächen zur Gewinnung von Trinkwasser genutzt wird, kann es zu erhöhten **Nitratwerten im Leitungswasser** kommen. Trinkwasser darf gesetzlich höchstens 50 mg Nitrat pro Liter enthalten. Dieser Wert kann für Säuglinge unter 6 Monaten bereits gefährlich sein und zu lebensgefährlicher Blausucht führen.

In einigen Regionen in Deutschland ist die natürlich vorkommende radioaktive Strahlenbelastung zum Teil erhöht, so dass es sich nicht zur Zubereitung von Säuglingsnahrung eignet.

Wenn man zur Zubereitung der Säuglingsmilch Leitungswasser nimmt, lohnt es sich, das eigene Leitungswasser oder Brunnenwasser vorab untersuchen zu lassen. In vielen Kommunen ist dieses für Haushalte mit einem Säugling ohne Kosten verbunden. Wenn sich dabei herausstellt, dass das Leitungswasser zu stark belastet ist, eignet sich nitratarmes Mineralwasser ohne Kohlensäure mit dem Aufdruck „geeignet zur Herstellung von Säuglingsnahrung".

Übrig gebliebene, trinkfertige Säuglingsnahrung darf nicht erneut erwärmt und gefüttert werden, da es zu unerwünscht hoher Keimbelastung kommen kann. Als hygienische Vorsichtsmaßnahme wurde früher viel Wert darauf gelegt, Trinkflaschen und Sauger vor dem Gebrauch zu sterilisieren, indem sie in Dampf oder Wasser ausgekocht wurden. Heutzutage wird zu dieser Vorsichtsmaßnahme nicht mehr geraten, da gerade Gummisauger dann schnell porös werden und ein hygienischer Nutzen nicht zu belegen ist. Silikonsauger sind weniger großporig und eignen sich daher besser zur Verwendung. Ein gutes Abwaschen und gelegentliches Auskochen reichen hier völlig aus.

Wenn man **Säuglingsnahrung für unterwegs** benötigt, bietet sich das Mitnehmen von Trinkfläschchen an, in denen jeweils die abgemessene Menge an Milchpulver enthalten ist, sowie eine separat mitgenommene, temperierte Wassermenge in einer Thermosflasche. Kurz vor der Milchmahlzeit kann dann die Milchnahrung angerührt werden. Das Wasser sollte eine Temperatur von ca. 37°C bis höchsten 40°C haben.

DIE QUAL DER WAHL – WELCHE SÄUGLINGSMILCHNAHRUNG IST DIE BESTE FÜR DAS EIGENE KIND?

Unterschied zwischen „Pre“ und „Nr. 1“

Wenn man vor den gut gefüllten Regalen im Drogeriemarkt oder im Bio-Laden steht und auswählen soll, welche der Anfangsmilchnahrung nun wohl die beste für das eigene Kind ist, fällt einem diese Entscheidung nicht leicht. Da jedoch alle Säuglingsmilchnahrungen unter die Europäische Richtlinie für Säuglingsanfangsnahrungen fallen, kann jede der angebotenen Anfangsnahrungen ausgewählt werden, wenn Muttermilch ersetzt oder ergänzt werden muss. Bei der „Pre“-Milch wird der Kohlenhydratanteil wie bei der Muttermilch ausschließlich in Form von Milchzucker (Laktose) gedeckt. Anfangsnahrung „Nr. 1“ enthält zusätzlich leicht verdauliche Stärke, die zur besseren Sättigung des Kindes dienen soll. Beide Formen können von Geburt an gefüttert werden, sofern das Kind nicht gestillt werden kann.

Pro- und Prä- bzw. Prebiotika

Die verschiedenen Hersteller der unterschiedlichen Säuglingsmilchnahrung werben seit einigen Jahren mit den Zusätzen von Milchsäure bildenden Bakterienkulturen, den so genannten Probiotika, sowie mit Zusätzen von nicht verdaulichen Kohlenhydraten bzw. flüssigen Ballaststoffen, den so genannten Präbiotika bzw. Prebiotika. Sie werden als Galacto- und Fructo-Oligosaccharide (GOS/FOS) aufgeführt. Gewonnen werden diese Zusätze unter anderem aus enzymatisch veränderter Laktose von Kuhmilch und aus Auszügen aus Zichorienwurzeln (Chicorée) (Milupa, Presseabteilung). Diese Zusätze sollen sich positiv auf die Darmflora auswirken und deren immunologische Eigenschaften unterstützen, um Allergieprävention zu betreiben. Man hat festgestellt, dass die Darmflora bei Säuglingen mit (haut-)allergischen Reaktionen deutlich weniger positive Bifidusbakterien aufweist, als die von gesunden Kindern.

Mit dem Zusatz von prä- bzw. prebiotische Ballaststoffen soll gezielt das Wachstum der erwünschten Bifidusbakterien im Darm und die Verdrängung unerwünschter Darmkeime erreicht werden. In diesem Zusammenhang wird beispielswiese bei „Hipp Bio Combiotik Bio-Anfangsmilch Pre“ damit geworben, dass sie „nach dem Vorbild der Natur“ sei. Dieser Slogan verführt zur Annahme, dass die industriell hergestellte Säuglingsanfangsnahrung den Eigenschaften und der Qualität von echter Muttermilch gleich kommen könne – was jedoch nicht der Fall ist. Wissenschaftlichen Untersuchungen zufolge sind gesundheitsfördernde Wirkungen dieser Zusätze bislang nicht eindeutig positiv einzustufen. Die Untersuchungsergebnisse sind widersprüchlich in Bezug auf ihren Nutzen zur Allergieprävention.

Anfangsmilchnahrung mit Zusatz von probiotischen Kulturen

- Alete Anfangsmilch 1 (Nestlé)
- Alete Anfangsmilch Pre (Nestlé)
- Beba Pro Anfangsmilch 1 (Nestlé)
- Beba Pro Anfangsmilch Pre (Nestlé)
- Hipp Bio Combiotik Bio-Anfangsmilch Pre (Hipp)
- Töpfer Lactana Bio Anfangsmilch 1 (Töpfer)

Anfangsmilchnahrung mit Zusatz von Prä-/ Prebiotika

- Aptamil Anfangsmilch 1 (Milupa)
- Aptamil Anfangsmilch Pre (Milupa)
- Hipp Bio Combiotik Bio-Anfangsmilch Pre (Hipp)
- Milupa Milumil Anfangsmilch 1 (Milupa)
- Milupa Milumil Anfangsmilch Pre (Milupa)

Anfangsmilchnahrung ohne Zusatz von probiotischen Kulturen und ohne Prä-/ Prebiotika

- Babydream Bio Anfangsmilch 1 (Rossmann)
- Babylove Bio Anfangsmilch 1 (Dm)
- Bebivita Anfangsmilch 1 (Bebivita)
- Bebivita Anfangsmilch Pre (Bebivita)
- Hipp Bio Bio-Anfangsmilch 1 (Hipp)
- Holle Bio-Anfangsmilch 1 (Demeter Holle/ Naturwarenladen)
- Humana Plus Anfangsmilch 1 (Humana)
- Humana Plus Anfangsmilch Pre (Humana)
- Lebenswert Bio Anfangsmilch 1 (Lebenswert Bio)
- Milasan Anfangsmilch 1 (Milasan)
- Milasan Anfangsmilch Pre (Milasan)

Quelle: ÖKO-TEST Fragen & Antworten Kinderernährung (2013): Test Muttermilchersatz, Anfangsnahrung: Ins Fettnäpfchen. Mai 2013: 24-27

Anfangsmilchnahrung mit mehr als eine dreifache Überschreitung des angesetzten Grenzwertes für frei gesetztes 3-MCPD- und Glycidyl, gemessen an dem Gehalt von 3-MCPD- und Glycidyl- Fettsäureestern:

- Babydream Bio Anfangsmilch 1 (Rossmann)
- Babylove Bio Anfangsmilch 1 (Dm)
- Holle Bio-Anfangsmilch 1, (Demeter Holle/ Naturwarenladen)
- Humana Plus Anfangsmilch 1 (Humana)
- Humana Plus Anfangsmilch Pre (Humana)
- Lebenswert Bio Anfangsmilch 1 (Lebenswert Bio)
- Töpfer Lactana Bio Anfangsmilch 1 (Töpfer)

Quelle: ÖKO-TEST Fragen & Antworten Kinderernährung (2013): Test Muttermilchersatz, Anfangsnahrung: Ins Fettnäpfchen. Mai 2013: 24-27

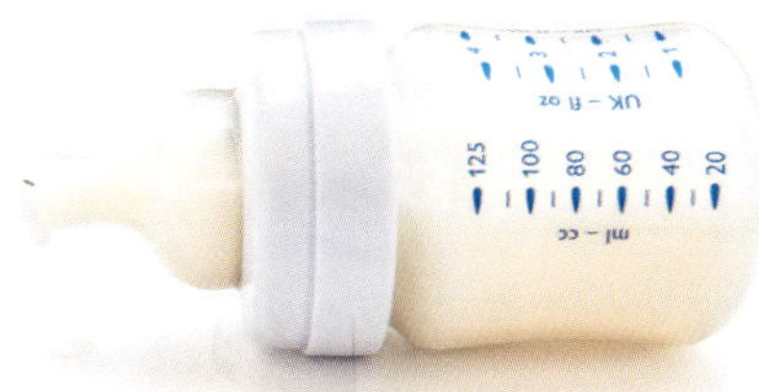

Säuglingsanfangsnahrungen aus Kuhmilchproteinen oder Proteinhydrolysaten dürfen folgende Grenzwerte nicht unter- bzw. überschreiten in Bezug auf Vitamingehalte

Vitamine	Je 100 Kcal mindestens	höchstens
Vitamin A (μg-RE) (1)	60	180
Vitamin D (μg) (2)	1	2,5
Vitamin E (mg α-TE) (4)	0,5/g mehrfach ungesättigte Fettsäuren, als Linolsäure ausgedrückt, korrigiert um die Zahl der Doppelbindungen (5), auf keinen Fall jedoch weniger als 0,5 mg/100 verfügbare kcal	5
Vitamin K (μg)	4	25
Vitamin B1/Thiamin (μg)	60	300
Vitamin B2/ Riboflavin (μg)	80	400
Vitamin B3/ Niacin μg (3)	300	1500
Vitamin B5/ Pantothensäure (μg)	400	2000
Vitamin B6 (μg)	35	175
Biotin (μg)	1,5	7,5
Folsäure (μg)	10	50
Vitamin B12 (μg)	0,1	0,5
Vitamin C (mg)	10	30

(1) RE = Retinoläquivalent, alle trans.
(2) In Form von Cholecalciferol, davon 10 μg = 400 IE Vitamin D.
(3) Vorgebildetes Niacin.
(4) α-TE = d-α-Tocopheroläquivalent.
(5) 0,5 mg α-TE/1 g Linolsäure (18:2 n-6); 0,75 mg α-TE/1 g α-Linolensäure (18:3 n-3); 1,0 mg α-TE/1 g Arachidonsäure (20:4 n-6); 1,25 mg α-TE/1 g Eicosapentaensäure (20:5 n-3); 1,5 mg α-TE/1 g Docosahexaensäure (22:6 n-3).

Quelle: RICHTLINIE 2006/141/EG DER KOMMISSION vom 22. Dezember 2006 über Säuglingsanfangsnahrung und Folgenahrung und zur Änderung der Richtlinie 1999/21/EG

BEDARFSORIENTIERTE ERNÄHRUNG MIT INDUSTRIELL HERGESTELLTER SÄUGLINGSANFANGSNAHRUNG – IN GERINGEM UMFANG MÖGLICH

Wenn der Säugling beispielsweise unter Koliken leiden sollte, ist die Verwendung von Säuglingsanfangsnahrung zu empfehlen, deren Salzgehalt etwas höher liegt. Salz ist in geringen Mengen notwendig, um ausreichend Magensäure zu produzieren, so dass die Eiweißverdauung begünstigt wird. Salz wird ebenfalls für die Schleimhäute benötigt. Leidet das Kind unter ständigem Fließschnupfen, kann es ein Zeichen für einen zu geringen Natrium- und/ oder zu hohen Kaliumkonsum sein. Die Produktketten Aptamil und Milupa (Nestlé) führen zur Zeit Säuglingsfertigmilch mit etwas höheren Salzwerten (63,5 mg bzw. 64 mg auf 100ml fertige Milch, anstelle von ca. 50 mg anderer Marken). Da die Rezepturen immer wieder ein wenig verändert werden, sollte man immer aktuell die Zusammensetzungstabellen auf der Verpackung vergleichen. Dort wird Salz (NaCL) lediglich als Natrium aufgeführt, so dass man diesen Wert erst noch mit 2,54 multiplizieren muss, um den tatsächlichen Salzgehalt der Säuglingsmilchnahrung zu ermitteln.

Gegen Koliken kann auch der Gehalt an Vitamin C interessant sein: Ein ausreichender Vitamin C-Konsum am Morgen kann mögliche Koliken am Nachmittag reduzieren. Das trifft nicht nur im Erwachsenenalter zu, sondern auch schon im Säuglingsalter. Durch die verbesserte Magensäureproduktion und die daraus resultierende, verbesserte Eiweißverdauung, kommt es im Darm seltener zu Fäulnisprozessen und Verdauungsstörungen, so dass weniger Blähungen entstehen.

Leidet der Säugling unter **Nackenverspannungen** und/ oder **Kopfgelenksdysfunktionen** ist unter anderem auf einen hohen **Vitamin B6-Wert** sowie auf **Kalzium** zu achten (s. S. 28, Nackenverspannungen).

Ein vermehrter Kalziumbedarf wird laut Tönnies auch deutlich durch das Auftreten von **Neurodermitis** im Gesichtsbereich.

Leidet das Kind unter **Grind/ Gneis** oder sogar unter **Milchschorf,** eine Form von Neurodermitis im Bereich der Kopfhaut, kann eine verbesserte Kupferzufuhr ein wenig Abhilfe leisten. Die neue „Humana Anfangsmilch Pre" enthält beispielsweise zur Zeit (Mai 2013) im Vergleich zu anderer Anfangsmilch recht gute Kupferwerte. Wenn das Kind schon alt genug ist, um Beikost zu bekommen, lässt sich der vermehrte **Kupferbedarf** auch durch den Konsum von ein wenig rote Betesaft decken. Hierzu sind 1 bis 2 Esslöffel eines nitratarmen rote Betesafts aus dem Reformhaus pro Tag für 3 bis 5 Tage zu empfehlen.

Weist das Kind starke **Neugeborenenakne** auf, hilft eine Milchanfangsnahrung mit **höheren Vitamin B1-Werten.**

Diese Erkenntnisse können in geringem Umfang genutzt werden bei der Auswahl der Säuglingsanfangsnahrung. Es darf jedoch nicht dazu führen, die Sorten der Anfangsmilch

Wichtiger Hinweis: Bitte nicht ständig die Milchnahrung wechseln. Wenn das Kind eine Anfangsmilch gut verträgt, sollte man bei dieser bleiben.

ständig zu wechseln. Mit Einführen der Beikost ab dem 6. Lebensmonat hat man mehr Möglichkeiten, das Kind bedarfsorientiert zu ernähren.

Wenn industriell hergestellte Anfangsmilch nur zur Ergänzung genutzt wird und teilgestillt werden kann, ist es möglich, durch die eigene Ernährung die Vitamin- und Mineralstoffgehalte in der Muttermilch in gewissem Maße zu verändern, so dass das Kind und man selbst auch gezielt bedarfsorientiert ernährt werden können.

Unruhezustände durch Überversorgung an Vitaminen und Mineralstoffen

Tönnies konnte beobachten, dass einige Säuglinge durch den Konsum industriell hergestellter Säuglingsmilch unter **Unruhezuständen** litten, die er auf eine **Überversorgung an Vitaminen und Mineralstoffen** zurück führte. Er empfahl in diesen Fällen ein Zufüttern mit Maisstärke-Trunk und Reisschleim-Trunk. Maisstärke sowie auch Reisschleim enthalten sehr wenige Nährstoffe, so dass das Überangebot bei der Verstoffwechselung reduziert wird. Betroffene Säuglinge konnten danach wieder in den Schlaf finden und waren ausgeglichener.

Weder der Maisstärke- noch der Reisschleim-Trunk ersetzen eine ganze Mahlzeit. Sie sind lediglich als Ergänzung zu einer Milchmahlzeit gedacht. Zur Geschmacksaufbesserung kann auch ein wenig püriertes Obst eingearbeitet werden. Rezeptideen finden Sie hierzu in „Einführung der Beikost“. Der Maisstärke-Trunk sowie der Reisschleim-Trunk dürfen erst ab dem 6. Lebensmonat gefüttert werden, da die Stärkeverdauung bei jüngeren Kindern noch nicht vollständig ausgereift sein kann.

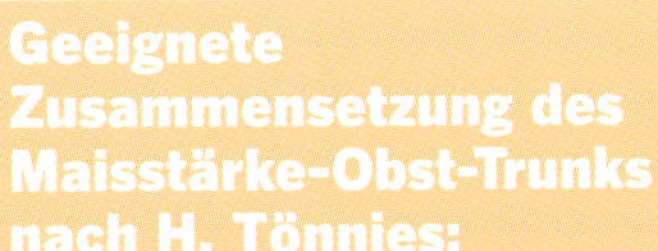

Geeignete Zusammensetzung des Maisstärke-Obst-Trunks nach H. Tönnies:

- 200 ml Wasser
- 1 EL Maisstärke (z.B. Maizena)
- 40 ml püriertes Obst z.B. Banane, Blaubeere, Kirschen, Pfirsich
- 1/2 TL frischen Zitronen- oder Orangensaft
- 2 EL frische Sahne
- 1/2 Prise Meersalz

Ein Maisstärke-Obst-Trunk ist ernährungsphysiologisch nicht gleichzusetzen mit einer vollständigen Getreidebreimahlzeit. Er ist nur als Ergänzung gedacht und auch kein Ersatz für Säuglingsfertigmilch oder Muttermilch.

Geeignete Zusammensetzung des Reisschleim-Obst-Trunks nach H. Tönnies:

- 200 ml Wasser
- 30 g zarte Reisflocken
- 20 ml püriertes Obst z.B. Banane, Blaubeere, Kirschen, Pfirsich
- 1/2 TL frischen Zitronen- oder Orangensaft
- 2 EL frische Sahne
- 1/2 Prise Meersalz

Ein Reisschleim-Obst-Brei ist ernährungsphysiologisch nicht gleichzusetzen mit einer vollständigen Getreidebreimahlzeit. Er ist nur als Ergänzung gedacht und auch kein Ersatz für Säuglingsfertigmilch oder Muttermilch.

Neurodermitis und Allergiebereitschaft bei Säuglingen

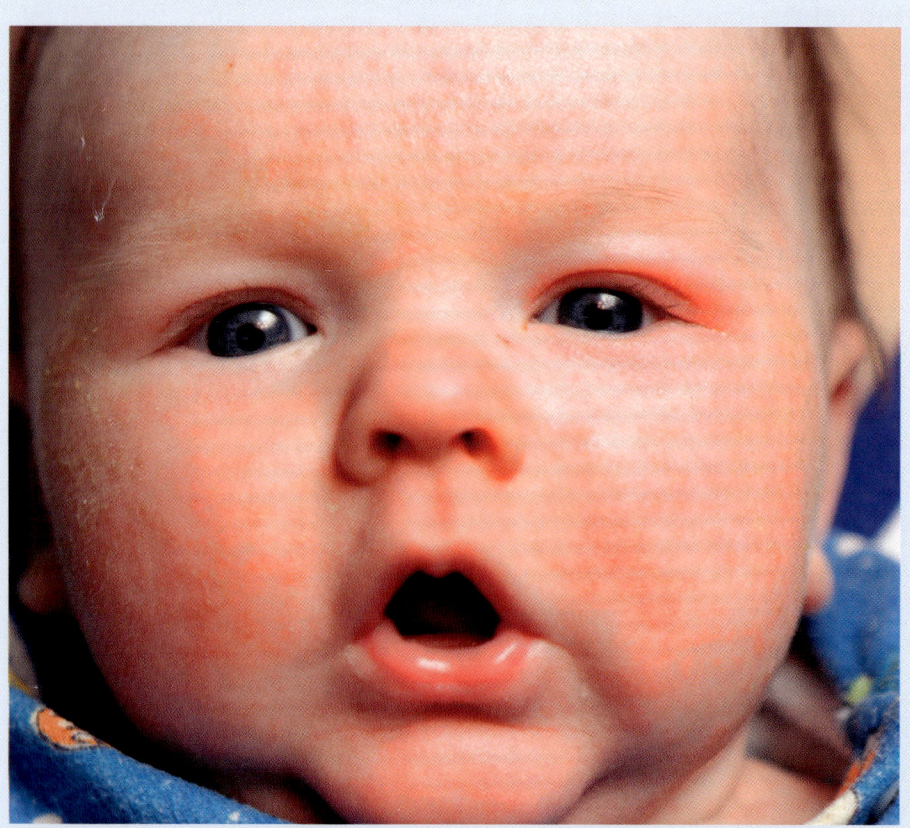

Die Themen Neurodermitis und Allergiebereitschaft haben heutzutage eine große Relevanz im familiären Alltag bekommen. Leider ist eine stetige Zunahme an Kindern zu verzeichnen, die schon im ersten Lebenshalbjahr mit einer allergischen Krankheit aus dem atopischen Formenkreis zu tun haben, wie zum Beispiel Neurodermitis (atopische Dermatitis), allergisch bedingtem Hautausschlag. Mit dem vollendeten zweiten Lebensjahr erkranken einige an Heuschnupfen (allergische Rhinitis) oder an allergischem Asthma.

Wenn in der Familie schon jemand an Neurodermitis erkrankt ist oder Allergien bekannt sind, wird empfohlen, **möglichst lange zu stillen.** Auch mit dem Einführen der Beikost soll parallel noch bis zum vollendeten zweiten Lebensjahr weiter gestillt werden. **Zusätzlich kann die stillende Mutter sich gezielt ernähren, um Allergiebereitschaft bzw. Erkrankungen aus dem atopischen Formenkreis zu verringern** (s. S. 133). Sofern Stillen nicht möglich ist, ist bei der Wahl an Säuglingsmilchnahrung folgendes zu beachten:

SÄUGLINGSMILCHNAHRUNG BEI NEURODERMITIS UND ALLERGIERISIKO

HA-Säuglingsnahrung und extensiv hydrolysierte Formula (ehF)

Wenn schon ein Elternteil oder Geschwisterkind an einer Allergie oder an Neurodermitis erkrankt ist, wird seitens der Fachgesellschaften DGKJ und DGE geraten, im ersten Lebenshalbjahr bzw. bis zum Einführen der Beikost vorsorglich hypoallergene Milchnahrung, so genannte **HA-Säuglingsnahrung**, zu füttern, sofern das Kind nicht gestillt werden kann (Forschungsinstitut für Kinderernährung 2008). Mit Einführung der Beikost wird empfohlen, auf „normale" Säuglingsmilchnahrung umzustellen (Koletzko et al. 2010).

HA-Milch bzw. teilhydrolisierte Säuglingsnahrung ist eine allergenarme Nahrung, deren Eiweiße durch Hydrolyse sowie durch weitere chemische Verarbeitungsprozesse in ihrer Allergenität verringert wurden. Je nachdem wie stark der Hydrolysegrad der Eiweiße ist, wird unterschieden zwischen der herkömmlichen HA-Säuglingsnahrung (teilhydrolisiert) und der stark hydrolysierten Säuglingsnahrungen, der so genannten **„extensiv hydrolysierte Formula"** (ehF), die als hypoallergene Spezialnahrung bei gastrointestinalen Störungen eingesetzt wird.

Zu beachten ist, dass Säuglinge die Einführung hypoallergener Ersatzmilch aufgrund des **relativ bitteren Geschmacks** meist nur in einer relativ frühen Phase tolerieren. Führt man HA-Milchnahrung erst nach dem vollendeten 5. Lebensmonat ein, verweigern viele der Säuglinge diese.

Der Schutzeffekt der HA-Säuglingsmilchnahrung in Bezug auf Allergieprävention wird jedoch häufig sehr überschätzt: Gerade einmal bei 10% der allergiegefährdeten Säuglinge kommt es durch die Verwendung von Ha-Säuglingsmilch nicht zum Allergieausbruch in der Säuglingszeit (GINI-Studie, Berg et al. 2008). Die Verwendung von HA-Säuglingsmilch sollte daher nicht als alleinige Maßnahme zur Allergieprävention genutzt werden.

Tönnies konnte feststellen, dass das Spurenelement Chrom der „Motor von Allergien" sein kann. **Zuviel Chrom fördert den Ausbruch von Neurodermitis** und anderen allergiebedingten Erkrankungen aus dem atopischen Formenkreis (s. S. 76).

Ernährungsphysiologisch spielt auch die **Verträglichkeit von Kuhmilch** eine gravierende Rolle in Bezug auf Allergieprävention. In diesem Zusammenhang konnte Tönnies beobachten, dass insbesondere die **Aminosäure Lysin eine gravierende Rolle zur Allergieprävention einnimmt, in dem durch den Verzehr von Lysin-haltigen Nahrungsmitteln Ha-Milchnahrung und auch Kuhmilch besser vertragen werden** (s. S. 75).

Zusätzlich ist zur Prävention von Allergien zu beachten, dass Säuglinge nicht

- in mit Schimmel befallenen Räumen aufwachsen,
- Zigarettenrauch einatmen,
- mit Katzenhaaren in Kontakt kommen,
- Ausdunstungen aus neuen Möbeln (Lösungsmittel aus Kleber und Lacken) einatmen sowie
- an viel befahrenen Straßen verweilen/ wohnen und Autoabgase einatmen sollten (Koletzko et al. 2010).

Alternative Ernährungsformen eignen sich nicht, das Allergierisiko zu mindern

Ein Ausweichen auf Säuglingsmilch, die auf Stuten-, Ziegen oder Schafsmilch basiert, ist nicht empfehlenswert, um ein potentielles Allergierisiko zu mindern. Ebenso wenig sind milchähnliche Produkte zur Allergievorbeugung geeignet, die aus pflanzlichen Eiweißen hergestellt werden, wie beispielsweise aus **Soja, Hafer, Reis oder Mandeln.**

Die Nährstoffzusammensetzung von Getreide-"milch"-Drinks entspricht nicht den Bedürfnissen von Säuglingen. Weder sind die Vitamingehalte, noch die Proteine entsprechend einer gesunderhaltenden Ernährung in diesen Ersatzmilchprodukten enthalten. Zu früh gefüttertes Soja- und Getreideeiweiß gelten als allergieauslösend. **Tönnies konnte beobachten, dass gerade Säuglinge und junge Kleinkinder mit Neurodermitis kurzfristig gut mit den Ersatzmilchprodukten klar kamen, nach 2-3 Wochen dann jedoch mit verstärkter Neurodermitis reagierten.**

Bei **Soja- und Mandel-Milch** sind es die hohen Schwefelwerte, die zu einem Neurodermitisschub und einem Ernährungsungleichgewicht führen können. Bei **Hafer-Milch** ist es z.T. der hohe Zinkgehalt, der dem Kind nicht bekommt. Zusätzlich enthalten Sojabohnen und deren Produkte pflanzliche Substanzen mit hormonähnlicher Wirkung. In Getreide- und Sojamilchprodukten kann zudem Phytat enthalten sein, welches Magnesium, Kalzium, Eisen und andere Spurenelemente und Mineralien im Darm bindet, so dass die Aufnahme dieser Stoffe vermindert wird.

URSACHENFORSCHUNG:

Hygiene-Hypothese

Als mögliche Ursache für Neurodermitis und früh auftretende Allergien bei Säuglingen wird eine zu übertriebene Hygiene diskutiert, die dazu führen kann, dass das Immunsystem im ersten Lebensjahr zu wenig daran gewöhnt wird mit potentiellen Allergenen umzugehen und es dann bei Kontakt zu überschießenden Reaktionen kommen kann. Mit einer groß angelegten Studie untersuchte Mutius (2007, 2010) die Häufigkeit von auftretenden Allergien und Asthma bei 2500 Kindern, die auf einem Bauernhof aufwuchsen, und bei Kindern, die in städtischer/ nicht bäuerlicher Umgebung aufwuchsen. Säuglinge vom Bauernhof durften meist schon sehr früh mit in den Stall kommen, Kontakt zu den Tieren haben und waren viel frischer Luft ausgesetzt. Die Stallerfahrungen werden als wenig hygienisch eingestuft. Oftmals tranken sie sogar frisch gemolkene Rohmilch ohne davon zu erkranken. Da normalerweise der Konsum von Rohmilch für Säuglinge strengstens untersagt ist bzw. auch lebensbedrohlich sein kann, ist der frühe Konsum von Rohmilch bei Bauernhof-Kindern wahrscheinlich möglich, wenn eine vorgeburtliche Immunisierung bezüglich der Keime aus Rohmilch über die Mutter an das Kind weitergegeben wurde. Für Kinder, die nicht auf dem Bauernhof aufgewachsen sind, gilt weiterhin das Verbot, frische Rohmilch zu konsumieren.

Die untersuchten Säuglinge aus städtischer Umgebung hingegen wuchsen in deutlich hygienischeren bzw. saubereren Umgebungen auf. **Beim Vergleich beider Gruppen wurde deutlich, dass die Häufigkeit von Asthma, Neurodermitis und Heuschnupfen bei Bauernhof-Kindern deutlich seltener auftrat, als bei Säuglingen und Kleinkindern, die in anderen bzw. städtischen Haushalten aufwuchsen.** Die Studie Mutius (2010) zeigt zudem, dass ein umfassender Schutz vor Allergien und Asthma nur von den Kindern entwickelt wurde, die von Geburt an bzw. im ersten Lebensjahr auf dem Bauernhof aufwuchsen. Daraus wird geschlussfolgert, dass die frühen Lebensmonate die entscheidenden sind, um das Immunsystem effektiv zu trainieren.

PASTEURISIERUNGSPROZESS DER MILCH

In einer nachfolgenden Studie von Mutius (2012) wurde der mütterliche Konsum von Rohmilch während der Schwangerschaft von „Bauernhof-Müttern" und der Konsum von Rohmilch in der frühen Kindheit hinsichtlich der Allergieprävention untersucht. Und auch hier ergaben die Untersuchungen, **dass die heranwachsenden „Bauernhof-Kinder mit Rohmilchkonsum" deutlich seltener an Neurodermitis im ersten Lebensjahr und an Heuschnupfen und Asthma in den nachfolgenden Jahren erkrankten im Vergleich zu „nicht Rohmilch trinkenden Kindern".**

(Kuh-)Rohmilch selbst scheint nicht zu allergischen Reaktionen zu führen, sondern die durch Hitze veränderte und haltbar gemachte, pasteurisierte und homogenisierte Milch. Tönnies konnte schon vor Jahren beobachten, dass Kinder auf **pasteurisierte Milch reagieren und unbehandelte Milch vertragen.**

Der Pasteurisierungs- und Homogenisierungsprozess der Kuhmilch verändert das Mischungsverhältnis an Aminosäuren der durch Hitze haltbar gemachten Milch. **Durch das Erhitzen beim Pasteurisieren werden die Aminosäuren Lysin und Tryptophan zerstört, so dass nun die Wirksamkeit von Methionin, eine schwefelhaltige Aminosäure, mehr zur Geltung kommt.** Besonders wenig verträglich ist H-Milch, die ultrahocherhitzt (143°C!) wird. **Die Haut im Bereich der Wangen reagiert besonders empfindlich auf zu viel Methionin. Zu beobachten sind zu Beginn meist aufgesprungene, leicht entzündliche Hautpartien im Bereich der Wangen, die durch Jucken schnell zu stark entzündeten und verkrusteten Ekzemen ausufern können.**

Tönnies schlussfolgerte daraus, dass Kinder mit Neurodermitis und anderen Erkrankungen aus dem atopischen Formenkreis die Unterversorgung an hitzeempfindlichen Aminosäuren (Lysin und Tryptophan) durch andere, lysin- und tryptophanhaltige Nahrungsmittel ausgleichen können. Einen Schwerpunkt legte er auf Lysin.

Und die Erfahrungen aus der Praxis zeigen deutlich, dass dieses Vorgehen Abhilfe schafft. Zumindest ab dem Zeitpunkt der Beikosteinführung kann durch gezieltes Zufüttern von lysinhaltigen Lebensmitteln in geringen Mengen die Auswirkung von Methionin reduziert werden. Durch den Konsum von Buttermilch („natur"), Forelle, Kabeljau, Makrele und z.B. Ölsardine lassen sich Heuschnupfen, Neurodermitis und allergisches Asthma in ihrer Intensität verringern. Die Neigung an allergischen Krankheiten aus dem atopischen Formenkreis zu erkranken, lässt sich dadurch jedoch nicht beheben.

Vielleicht kommt nun die ein oder andere Mutter darauf, als Allergieprophylaxe für nachfolgende Kinder **in der nächsten Schwangerschaft Rohmilch zu konsumieren. Davon ist dringend abzuraten!** Nur eine Mutter, die schon seit mehreren Jahren auf einem Bauernhof lebt, an Rohmilchtrinken und an die dortigen Keime gewöhnt ist, darf auch während der Schwangerschaft Rohmilch von ihren eigene Kühen weiterhin konsumieren. Die Gefahr, während der Schwangerschaft an Keimen aus dem Stall zu erkranken und dadurch die Entwicklung des ungeborenen Kindes zu gefährden, ist viel zu groß.

Auftreten von Neurodermitis und anderen Erkrankungen des atopischen Formenkreises mit Einführen der Beikost

Wenn ein Säugling infolge des Milchbreis beim Einführen der Beikost mit Neurodermitis oder anderen Erkrankungen des atopischen Formenkreises reagiert, kann dieses an der verwendeten pasteurisierten **Kuhmilch** liegen (s. S. 75). Ein Ausweichen auf Rohmilch, die nicht pasteurisiert wurde und direkt vom Bauernhof kommt, ist aufgrund möglicher Keimbelastung für Kinder, die nicht auf dem Bauernhof aufwachsen, nicht erlaubt bzw. kann lebensgefährlich sein.

Dann ist es besser, den Milch-Getreide-Brei mit industriell gefertigter Säuglingsanfangsnahrung anzurühren, sofern diese gut vertragen wird, und auf Kuh-(Vollmilch) zu verzichten. Auch ist ein Verzicht auf den abendlichen Milch-Getreide-Brei denkbar, wenn dieser durch einen Getreide-Gemüse-Brei ersetzt wird und dafür morgens auf eine ausreichende Kalzium-Aufnahme geachtet wird (Bein-Wierzbinski 2013).

Eine weitere Möglichkeit ist eine gezielte Bedarfsorientierte Ernährung unter Berücksichtigung der Aminosäure Lysin. Tönnies konnte beobachten, dass Kleinkinder mit einer Unterversorgung an Lysin besonders häufig mit einer Unverträglichkeit auf haltbar gemachte Kuhmilch und auf HA-Säuglingsnahrung reagierten. Sobald die Unterversorgung an Lysin durch Verwendung von lysinhaltigen Nahrungsmitteln mit dem Einführen der Beikost ausgeglichen wurde, heilten die Ekzeme im Wangenbereich ab.

Bei der Herstellung eines Fisch-Kartoffel-Gemüse-Breis (ab dem 7. Lebensmonat) kann ein wenig kurzgegarte Forelle (evtl. mild geräuchert bei älteren Kindern) oder frischer, gargezogener Kabeljau eingearbeitet werden. Und beim Zubereiten eines Milch-Getreide-Obst-Breis kann ein Teil der Milch durch Buttermilch ersetzt werden. Buttermilch sollte nicht erhitzt werden. Rezeptideen und Zubereitungsarten der unterschiedlichen Beikost-Breie sind in der Broschüre „Einführung der Beikost – Bedarfsorientierte Ernährung von Anfang an" nachzulesen.

Literaturempfehlung:

Einführung der Beikost – Bedarfsorientierte Ernährung von Anfang an. Bein-Wierzbinski 2013

Chrom als Motor für Allergien

Einen weiteren Zusammenhang zwischen Neurodermitis bzw. allergisch bedingter Hauterkrankungen im ersten Lebensjahr sowie Heuschnupfen und allergischem Asthma sieht Tönnies in der recht hohen Aufnahme von Chrom.

Zum einen enthalten heutzutage Autoabgase Chrom, so dass besonders Kinder, die in der **Großstadt** und auch an **stark befahrenen Straßen** aufwachsen, besonders gefährdet sind, unter einer Erkrankungen des atopischen Formenkreises zu leiden. Damit nicht eine allzu große Menge an Autoabgasen in die Wohnung gelangt, wird geraten, die Fenster am Tage eher geschlossen zu halten, kein Dauerlüften zu machen und nur zu verkehrsschwachen Zeiten in kurzen Intervallen zu lüften (Koletzko et al. 2010). Auch ein Spazierenfahren mit dem Kind im Kinderwagen sollte in verkehrsarmen Gegenden stattfinden.

Zum anderen nehmen wir recht viel **Chrom über eine vermeintlich gesunde Ernährung auf**. Insbesondere das reichhaltige Angebot an heimischen und südländischen Obst- und Gemüsesorten kann zu einem erhöhten Chrom-Konsum führen.

Zu den chromhaltigen Nahrungsmitteln zählen beispielsweise Karotte, rote Paprika, weißer Spargel, rote Linsen, Süßkartoffel, Hokkaidokürbis, Apfel, Erdbeere, Mandarine, Ananas, Mango, Papaya, Kiwi, Galiamelone, rosé-farbene Grapefruit, Feige, Wildlachs und Lachsforelle.

Schon während der Schwangerschaft kann es durch den mütterlichen Konsum an chromhaltigen Nahrungsmitteln, wie beispielsweise durch den Genuss von vermeintlich gesundem, aber meist sehr chromhaltigen Multivitaminsaft, zu einer Chrom-Überversorgung gekommen sein, die auf das Kind übertragen wurde.

Um die Wirkung von Chrom zu reduzieren, ist neben dem Meiden von chromhaltigen Lebensmitteln laut Tönnies auch ein gezielter Konsum von Nahrungsmitteln zu empfehlen, die eine gute Bioverfügbarkeit der Spurenelemente Mangan und Molybdän aufweisen. **Mangan und Molybdän fungieren als Gegenspieler zu Chrom im Stoffwechsel.**

Konsum von Fisch als Allergieprävention

Der Konsum von Fisch und Fischprodukten wird in einigen Ratgebern schnell in Verbindung mit Allergien im Säuglingsalter gebracht. Der Konsum von Fisch während des Stillens sowie ein zu frühes Einführen von Fischeiweiß bei der Beikosteinführung soll angeblich bei allergiegefährdeten Kindern zum Ausbruch einer Fischallergie führen. Daher wird in älteren Ratgebern empfohlen, während des Stillens keinen Fisch zu konsumieren.

In den letzten Jahren häufen sich jedoch Studien und Veröffentlichungen (Koletzko 2007), die genau das Gegenteil zeigen. Eine aktuelle schwedische Studie (Alm et al. 2011) kommt zu dem Ergebnis, dass der Konsum während der Schwangerschaft und Stillzeit das Allergierisiko gegenüber Fischeiweiß und auch allgemein gegenüber anderen Allergenen senken kann.

Die in Fischen vermehrt enthaltenen Omega-3-Fettsäuren (hauptsächlich Eicosapentaen-(EPA) und Docosahexaensäure (DHA)) scheinen hierbei eine wichtige Rolle zu spielen: Omega-3-Fettsäuren verändern die Aktivität der Immunzellen bzw. dämpfen die Immunantwort und wirken entzündungshemmend. Das frühe Gewöhnen an Fremdeiweiße scheint zusätzlich überschießende Reaktionen des Immunsystems zu vermindern. Nach dem gegenwärtigen Stand der Forschung ist eine allergenarme Ernährungsweise in der Schwangerschaft und während der Stillzeit nicht empfehlenswert, damit das Kind über die Nabelschnur und über die Muttermilch mit potentiellen Allergenen vertraut gemacht wird und das Immunsystem sich daran gewöhnen kann. Über die Nabelschnur und mit der Muttermilch nimmt das Kind Omega-3-Fettsäuren auf, sofern die Mutter sie denn selbst konsumiert hat.

Omega-3-Fettsäuren zählen zu den essenziellen Stoffen für die menschliche Ernährung. Sie sind lebensnotwendig und können vom Körper nicht selbst hergestellt werden. Besonders zu empfehlen sind in diesem Zusammenhang der Konsum von Hering, Makrele und fettem Zuchtlachs. Fetter Zuchtlachs ist deutlich reichhaltiger an essentiellen Fettsäuren als Wildlachs. Zudem weist Zuchtlachs weniger Chrom auf als Wildlachs (s. S. 76, Chrom als Motor für Allergien). Die aufgeführten Meeres- Fischsorten weisen zudem sehr hohe DHA- und EPA-Werte auf, die neben der anti-allergenen Wirkung besonders wichtig für die Gehirnentwicklung sind.

Allergieprophylaxe während des Stillens in Bezug auf Chrom und dessen Gegenspieler Mangan und Molybdän:

Ziel ist es, Chrom möglichst wenig aufzunehmen und darauf zu achten, dass ausreichend Nahrungsmittel mit Mangan und Molybdän konsumiert werden.

Chromarme Obstsorten: Blaubeeren, Johannisbeeren, Brombeeren, Banane, Pflaume, Kirsche, Holunder, rote und weiße Weintrauben, Zitronen, gelbe Pampelmuse und gelbe Honigmelone.

Chromarme Gemüsesorten: Gurken, Tomaten, Pastinake, grüne und gelbe Erbsen, grüne Bohnen, braune Linsen, Rosenkohl, Weißkohl, Rotkohl, Brokkoli, Blumenkohl, Wirsing, Kartoffeln, Topinambur, frischer Grünkohl, Schwarzwurzel, Zucchini, Zuckermais, Champignons, Bio-Avocado, Chicorée, Lauch, grüne Blattsalate, Endiviensalat, Radicchio und Chinakohl.

Manganreiche Lebensmittel als Gegenspieler zu Chrom: Rotkohl, Aubergine (nur gegart verzehren), gelbe Erbsen, Vollkornreis, Kichererbsen, Brombeere, Blaubeeren, Preiselbeeren, Schaffleisch, Kakao

Molybdänreiche Lebensmittel als Gegenspieler zu Chrom: Rotkohl, Aubergine (gegart), gelbe Erbsen, Buchweizen, Datteln, Leber, Rot-/ Schwarzwurst, rote Grützwurst

Weitere Zusammenhänge zwischen Neurodermitis bzw. Allergiebereitschaft und Nährstoffversorgung laut Tönnies:

Gründe für das plötzliche Auftreten oder Verschlimmerungen von Erkrankungen aus dem atopischen Formenkreis:

- **Starker Gewichtsverlust während des Stillens bei der Mutter oder wenn der Säugling den Babyspeck reduziert:** „Gelagerte" Gifte (z.B. Dioxin) aus den Fettreserven der Mutter gehen in die Muttermilch über und belasten das Nerven- und Immunsystem des Kindes. Abhilfe: Lebensmittel mit Niacin und Vitamin A vermehrt essen, damit der Schilddrüsenhormonspiegel gesenkt wird und die Fettreserven der Mutter und der Babyspeck wieder kommen.
- **Fehlende Regeneration bzw. Erholung:** Meist liegen neben zu wenig Schlaf und Ruhe eine Unterversorgung an Vitamin A, Vitamin B1 und Magnesium vor. Auch das Verhältnis der Aminosäuren Tryptophan (Hähnchenschenkel, Wiener Würstchen) und Lysin (Kabeljau, Buttermilch) zu Methionin (Quark, Frischkäse) und Arginin (Linsen, Getreide, Haselnüsse) stimmt meist nicht. Häufig fehlen die hitzeempfindlichen Aminosäuren Tryptophan und Lysin, die dann vermehrt konsumiert werden müssen. Keine H-Milch trinken, da Lysin fehlt.
- **Neurodermitis auf der Kopfhaut/** Milchschorf entsteht durch eine Methionin-Überversorgung, Tryptophan-Unterversorgung, Kupfer-Unterversorgung: Abhilfe durch: Kalbfleisch(-gläschen) ab Einführen der Beikost, frühestens ab dem vollendeten 4. LM. Während des Vollstillens hilft der mütterliche Konsum von roter Bete als Gemüse oder von ca. 100 ml rote Betesaft (nitratarm, aus dem Reformhaus) pro Tag an drei hintereinander folgenden Tagen. Wenn Kupfer aus roter Bete hilft, sollte die stillende Mutter auf kupferreiche Ernährung achten.
- **Neurodermitis im Gesicht:** Zeichen für schwache Nebennierentätigkeit bei gleichzeitiger Kalzium-Unterversorgung und evtl. Vitamin D-Unter- oder Überversorgung.

Verschlimmerungen von Erkrankungen aus dem atopischen Formenkreis treten häufig auf durch:

- **Überversorgung an ungesättigten Fettsäuren und Milcheiweiß:** Abhilfe: Butter und Bio-Schmalz anstelle von Ölen verwenden. Eiweiß aus Fleisch (Rind, Kalb, Hähnchenschenkel, Ei) und nicht aus Milchprodukten (Joghurt, HA-Milch, H-Milch, Quark) konsumieren. Ausnahme: frischer Parmesankäse am Morgen in geringer Menge ist erlaubt.
- **Entzündlich veränderte Darmschleimhaut,** die unter anderem als Folge von zu rasch eingeführter Beikost auftreten kann. Abhilfe: **Wenn die Mutter noch stillen kann, sollte zu jeder Beikostaufnahme zusätzlich eine gute Portion Muttermilch gegeben werden.** Die Enzyme der Muttermilch helfen, die fremden Aminosäuren zu verdauen. **Bei der Beikostzubereitung ist darauf zu achten, dass Gemüse nur kurz in Butter gegart wird und dann mit Hilfe eines Pürierstabs zerkleinert wird** (s. Broschüre Beikost, Bein-Wierzbinski 2013)

Frühstück | Mittagessen | Zwischenmahlzeit | Abendessen

Ernährung der stillenden Mutter

ERNÄHRUNG DER STILLENDEN MUTTER

Während der Stillzeit ist es wichtig, dass sich die Mutter möglichst abwechslungsreich und ausgewogen ernährt. Der Bedarf an Vitaminen und Mineralstoffen sowie an bestimmten Fettsäuren und Aminosäuren ist während der Stillzeit erhöht, insbesondere an folgenden Nährstoffen: Vitamin K (schon während der Schwangerschaft), Vitamin A, Vitamin D, Vitamin E, Niacin, Folsäure, Vitamin B1, Vitamin B2, Vitamin B5, Vitamin B6, Kalzium, Magnesium, Kalium, Natrium, Eisen, Kupfer, Zink, Tryptophan, Lysin und Cystein.

Um diesen Mehrbedarf zu decken, ist eine ausgewogene Ernährungsweise während der Stillphase zu empfehlen. Darunter ist eine **gute Mischung von Nahrungsmitteln** zu verstehen: Es sollten verschiedene Getreidesorten und deren Produkte, frische und kurz gegarte Gemüse, Blattsalate, Hülsenfrüchte, etwas Obst (evtl. auf chromarme Sorten achten) sowie auch von Tieren stammende Nahrungsmittel wie Milchprodukte, Eier, Fleisch und Fisch konsumiert werden. Ein vorsorglicher Verzicht auf potentiell allergene Eiweiße, wie sie zum Beispiel in Fisch vorkommen, ist aus heutiger Sicht nicht mehr zu empfehlen (s. S. 75, Fisch/ Allergie).

Zur **Allergieprävention** beim Kind wird stillenden Frauen sogar empfohlen, zweimal wöchentlich Tiefseefisch zu essen, wobei mindestens jedes zweite Mal fettreiche Fischarten, wie Zuchtlachs, Sardine, Makrele oder Hering, konsumiert werden sollen (Koletzko 2010). Lediglich bei Kindern mit **Allergierisiko** oder mit anderen Erkrankungen aus dem atopischen Formenkreis, sollte die Mutter darauf achten, dass sie möglichst wenig Chrom (s. S. 76) und möglichst häufig Nahrungsmittel zu sich nimmt mit Lysin, Mangan, Molybdän und Kupfer.

Die Versorgung des Kindes geht von Natur aus vor, so dass bei Unterversorgung an Nährstoffen der Körper der Mutter auf seine Reserven aus den Knochen, den Fettpolstern, der Leber, der Muskulatur und anderen Organen zurückgreift, um die Milch relativ konstant mit lebensnotwendigen Nährstoffen für das Kind zu produzieren. Um als Mutter dabei nicht selbst in eine Mangelsituation zu geraten, ist es besonders wichtig, sich nicht nur von Fertiggerichten, Schokolade oder anderen schnellen Energieträgern zu ernähren, sondern von „echten" Nahrungsmitteln. Tönnies hat Nahrungsmittel genannt, bei denen die Bioverfügbarkeit von Nährstoffen besonders gut ist. Beispielsweise kann der Körper aus Avocado und Fenchel besonders gut Niacin gewinnen, aus lang gereiftem Hartkäse Kalzium und aus Rindfleisch Eisen und Zink. Im Anhang befindet sich eine Liste mit ausgewählten Lebensmittel, die Tönnies besonders empfohlen hat (s. S. 146-148, Nährstoffliste).

Eine **Reduktionsdiät** während der Stillzeit ist nicht zu empfehlen, um die Milchbildung und -qualität nicht zu schmälern bzw. zu gefährden. Langsames Abnehmen während der Stillzeit findet meist ganz automatisch statt, da die Mutter im Durchschnitt 650 kcal zusätzlich pro Tag benötigt allein durch die Milchproduktion. Zudem gestaltet sich der Alltag mit neugeborenem Kind eher als energieverbrauchend. Ein moderater Abbau von Fettgewebe während der Stillzeit ist daher normal und geschieht meist von ganz allein. Das Gewicht der Mutter sollte während der Phase des Vollstillens nicht unter das Gewicht fallen, welches sie vor der Schwangerschaft hatte.

EINFLUSS DER MÜTTERLICHEN ERNÄHRUNG AUF DIE NÄHRSTOFFE IN DER MILCH

Wissenschaftliche Untersuchungen haben ergeben, dass viele der Mineralien, Spurenelemente sowie wasser- und fettlöslichen Vitamine in Abhängigkeit von der täglichen Ernährung der Mutter in der Milch enthalten sind. Dieses trifft insbesondere auf fast alle fettlöslichen Vitamine (Vitamin A, D, K und wahrscheinlich E) zu und zum Teil auch auf wasserlösliche Vitamine, wie z.B. Vitamin B2, Niacin, Vitamin B6, Vitamin B12 und evtl. Pantothensäure.

Ausführlichere Angaben werden auf den Seiten 45-52 genannt.

Fettlösliche Vitamine

Durch nahrungsabhängige Gehalte an fettlöslichen Vitaminen kann es in der Muttermilch zu sehr geringen Werten insbesondere bei Vitamin D, Vitamin A und Vitamin K kommen. Bezüglich Vitamin E sind keine Untersuchungen bekannt.

Da heutzutage auf Nahrungsmittel, die auf natürliche Weise Vitamin D enthalten, eher aus „gesundheitlichen“ Gründen verzichtet wird, wie z.B. Schmalz, fettes Schweinefleisch und Speck, **kommt es bei vielen Frauen in den Wintermonaten zu einer Unterversorgung an Vitamin D.** Daher wird vorsorglich Vitamin D in Form eines Präparates für den Säugling supplementiert.

Um einem **Vitamin A-Mangel** beim Stillen entgegen zu wirken, empfiehlt Biesalski (2003) der stillenden Mutter ein- bis zweimal pro Monat 100 g (Bio-)Leber zu sich zu nehmen. Vitamin A ist besonders wichtig für das Sehen und für die Fähigkeit, sich in Ruhe zu erholen bzw. für die Regeneration.

Einem **Vitamin K-Mangel** wirkt man entgegen durch Vitamin K-Gaben während der ersten drei U-Untersuchungen. Die Mutter kann Vitamin K durch den Konsum von Kohlgewächsen zu sich nehmen, wie z.B. Grünkohl, Wirsingkohl und Brokkoli.

Im Umkehrschluss kann es aber auch zu überhöhten Werten an fettlöslichen Vitaminen in der Muttermilch und schließlich beim Kind kommen, was anhand von Untersuchungen bezüglich Vitamin D und E gezeigt werden konnte. **Fettlösliche Vitamine müssen verstoffwechselt werden und können nicht einfach über die Niere ausgeschieden werden, wie es bei wasserlöslichen Vitaminen der Fall ist.** Hypervitaminosen müssen daher vermieden werden. Tönnies hat bei Kindern, die mit stark angereicherter Säuglingsmilch ernährt werden, zum Abbau von überschüssigen Vitaminen den Maisstärke-Trunk als Zwischenmahlzeit empfohlen (s. S. 71).

Generell gilt, nur nach ärztlichem Anraten Präparate mit fettlöslichen Vitaminen zu sich zu nehmen oder dem Säugling zu verabreichen und nicht selbst damit zu experimentieren. Am sinnvollsten ist es, gerade bei der Aufnahme von fettlöslichen Vitaminen auf natürliche Nahrungsmittel zurück zugreifen. **Durch den eigenen Appetit und durch bestimmte Abneigungen gegenüber einzelner Lebensmittel zeigt der Körper an, was er benötigt, so dass es normalerweise weder zu einer Unter- noch Überversorgung von fettlöslichen Vitaminen aus natürlichen Nahrungsmitteln kommen kann.**

Wasserlösliche Vitamine

Bei einer weniger guten Versorgung an wasserlöslichen Vitaminen kommt es durch aktive Bindung an Transportproteine zu einer gezielten Weitergabe der Vitamine aus dem Kreislauf der Mutter in die Muttermilch. So kann es vorkommen, dass die Mutter nach einer längeren Stillphase einen geringeren Serumspiegel an Vitamin B12 aufweist, als das vollgestillte Kind. Gleichzeitig kann durch den aktiven Transport einer Überversorgung an wasserlöslichen Vitaminen vorgebeugt werden.

Sofern ein Mangel bei der Mutter vorliegt, können zusätzliche Vitamin-gaben den Gehalt in der Muttermilch bis zu einer entsprechenden Höchstgrenze erhöhen. Dieses gelingt bei Vitamin C, Vitamin B1, Vitamin B2, Niacin, Vitamin B6, Vitamin B12 und Folsäure. Künstliche Vitamine scheinen jedoch schlechter verstoffwechselt zu werden als natürliche Vitamine. Zudem kann der mütterliche Konsum von künstlichem Vitamin C (E 300, Askorbinsäure) beim Säugling zu einem wunden Po führen. Natürlich gebundenes Vitamin C aus Früchten hingegen wirkt nicht wund machend. Auch bei wasserlöslichen Vitaminen ist von Präparaten in der Regel abzuraten. Im Anhang befindet sich eine Lebensmitteltabelle mit Nährstoffangaben, so dass man sich gezielt ernähren kann (s. S. 146-148).

Mineralstoffe und Spurenelemente

In den ersten 5 Monaten, in denen gestillt wird, kann der Körper den Bedarf an Mineralstoffen und Spurenelementen meist aus den körpereigenen Reserven decken. Das trifft zu auf Kalzium, Magnesium, Eisen, Zink und Kupfer und möglicherweise auch auf weniger gut untersuchte Spurenelemente und Mineralstoffe, wie z.B. Mangan, Molybdän, Fluor, Kobalt, Schwefel, Phosphor und Silizium. Das bedeutet aber auch, dass die Mutter über ausreichende Reserven verfügen muss: Insbesondere bei Eisen und zum Teil auch bei Kupfer kann es zu einer geringeren Deckung kommen. Bei Müttern, die über den sechsten Lebensmonat des Kindes hinaus vollstillen, kann auch der Kalziumgehalt der Muttermilch abnehmen. Andere Mineralstoffe sind weniger gut untersucht. Ähnlich abnehmende Nährstoffgehalte durch Leeren der Reserven sind jedoch auch bei diesen wahrscheinlich.

In der Muttermilch kann es durch Supplementierung von Spurenelementen und Mineralstoffen auch zu einem Überangebot kommen, und zwar bei Jod, Selen, Natrium und Kalium. Nimmt die Mutter hohe Jodmengen zu sich, beispielsweise durch Tabletten, kommt es unmittelbar zu einer Erhöhung des Jodanteils in der Muttermilch.

Eine **Jod-Supplementation** wird seitens der Ernährungsgesellschaften empfohlen: Während der Stillzeit sollen zusätzlich zur Verwendung von Jodsalz (mit Jod angereichertem Kochsalz) Jodtabletten (100 µg Jod/ Tag) eingenommen werden (Koletzko 2010), da Jod sehr wichtig für die Entwicklung des Kindes ist und in Deutschland insbesondere in den Großstädten und in küstenfernen Gegenden eher ein Jod-Mangel bei der Bevölkerung besteht. **Durch eine Jod-Supplementierung kann es in küstennahen Gegenden jedoch auch schnell zu einem Überangebot an Jod kommen. Bei der Mutter kann es zu Nervosität und dem Gefühl der „Zerrissenheit" kommen. Einige berichten, dass sie sehr säure- und kälteempfindliche Zähne durch Jod-Tabletten haben und dass sie sehr berührungsempfindlich geworden sind.** Säuglinge reagieren auf ein Überangebot an Jod mit Unruhe und Berührungsempfindlichkeit. Wenn diese Symptome bzw. Empfindungen zu beobachten sind, kann das Jod-Überangebot ein wenig gemindert werden durch den mütterlichen Konsum von fluorhaltigen Lebensmittel, wie z.B. lang gezogener schwarzer Tee (s. S. 88).

Fluor ist Gegenspieler von Jod und geht ebenfalls in die Muttermilch über. Besonders gut bei Unruhe und Überempfindlichkeit gegenüber Berührungen wirkt auch Mangan aus Blaubeeren, Linsen oder Rotkohl.

Das Wechselspiel zwischen Natrium und Kalium ist ebenfalls beim Stillen zu beachten. Beide Mineralien sind sehr wichtig und müssen in ausreichenden Mengen aufgenommen werden. Natrium nimmt die Mutter mit dem Verzehr von gesalzenen Speisen (Speisesalz, Meersalz) auf, Kalium durch Obst und Gemüse.

Da **Natrium** und **Kalium** Gegenspieler sind, ist darauf zu achten, dass beispielsweise mit dem Genuss von viel Obst auch immer ein wenig Salz, z.B. in Form einer Salzstange, konsumiert wird. Durch eine Unterversorgung an Natrium kann der Säugling auf den mütterlichen Obst- bzw. Obstsaftkonsum mit Fließschnupfen und Blähungen reagieren. Eine Überversorgung an Natrium ist ebenfalls zu vermeiden, da die Nieren des jungen Kindes noch nicht vollständig in ihrer Funktion ausgereift sind. Meist reagiert der Säugling mit starkem Schwitzen, um das Überangebot an Natrium über die Haut auszuscheiden.

Nährstoffabhängige Erkenntnisse für stillende Mütter im Überblick nach H. Tönnies

- **Milchbildung in den ersten Tagen** nach der Entbindung (und auch als Vorbereitung für das Stillen) wird angeregt durch zinkhaltige Lebensmittel (wie z.B. Gerste und Haferflocken) sowie durch gute Pflanzenöle (wie z.B. Sonnenblumenöl, Kürbiskerne, Kürbiskernöl) und durch Nüsse und Cashewkerne.

- **Wenn die Milchmenge nicht auszureichen scheint:** zink-, kalzium- und eiweißreiche Kost essen, dazu Fencheltee oder Milchbildungstee trinken (z.B. von Weleda), ein paar Rosmarinnadeln (gemahlen) über das Essen geben und Bio-Cashewkerne, kandierten Ingwer, Fenchel roh oder gegart essen.

- **Der Vitamin C-Bedarf** im ersten Monat nach der Geburt ist erhöht für die vollständige Rückbildung und für die Sulfatierung der Bänder → kein künstliches Vitamin C (Ascorbinsäure, E 300) konsumieren!

- **Natürliches Vitamin C**, z.B. aus Zitrone oder gelber Grapefruit, macht den Po des Kindes nicht wund. Künstliche Ascorbinsäure (E300) hingegen führt zu wundem Po, zu wunder Achselhaut und zu entzündeten Beugefalten unter dem Kinn! Eine gleichzeitige Unterversorgung an Kupfer sowie eine gleichzeitige Überversorgung an Chrom und Tyrosin verstärken diesen Prozess. Evtl. zusätzlich auf eine ausreichende Versorgung an Vitamin B5 (Pantothensäure) und Vitamin A achten, sofern im Windelbereich auch ein Pilzbefall auftritt.

- **Natrium-Unterversorgung und Vitamin C-Unterversorgung** können zu Bauchkrämpfen führen. Während der Stillzeit ruhig ein paar Salzstangen am Tag knabbern und jeden Tag eine kleine Menge Vitamin C-haltige Früchte essen.

- **Süßigkeitenkonsum der Mutter kann auch zu Bauchweh beim Säugling führen:** zu viel Zucker führt zu Bauchweh und Blähungen, wenn Magnesium fehlt.

- **Zink und Schwefel** in Maßen konsumieren, damit beim Säugling keine Kupferunterversorgung entsteht
- Kalzium- und Vitamin D-Bedarf sind erhöht während der Stillzeit.

- **Hülsenfrüchte** (Linsen, gelbe Erbsen und weiße Bohnen) werden schon nach zwei Wochen nach der Entbindung vertragen, wenn sie zusammen mit etwas tierischem Fett, Salz und evtl. etwas Vitamin C gegessen werden und nicht verkocht sind.

- **Manganreiche Kost** macht den Säugling friedlich und genügsam.

- **Überempfindlich gegenüber von Berührungen:** Wenn man es nicht mehr ertragen kann, dass das Kind an der Brustwarze saugt, liegt häufig eine Lysin-Überversorgung, eine Jod-Überversorgung oder eine Mangan-Unterversorgung vor. Abhilfe durch Linsen, gelbe Erbsen, Kichererbsen, Kakao, Rotkohl, Blaubeeren oder Buchweizen.

- **Erschöpfungszustand der Mutter** kann ausgeglichen werden durch gebratenes Kalbsteak oder Rindersteak, das mit etwas Thymian und 1 Esslöffel Edelhefe (z.B. von Dr. Ritter) gewürzt wird. Dazu evtl. Polentaschnitten in Butter gebraten und junge, gebutterte Erbsenschoten essen.

BESONDERS WICHTIG SIND FRÜHSTÜCK UND ABENDESSEN

Tönnies hat immer darauf aufmerksam gemacht, dass es wichtig ist, wann ein Lebensmittel und in welcher Kombination es gegessen wird. Viele Körperfunktionen unterliegen tagesrhythmischen Schwankungen bzw. einem etwa 24-stündigen, circadianen Rhythmus. Dazu gehören der Schlaf-Wach-Wechsel, die Tagesrhythmus gebundene Aufnahme einzelner Substanzen oder auch die Entgiftungsfähigkeit einzelner Organe.

Der Tag kann auf diesen Grundrhythmen basierend in eine **morgendliche Aktivitäts- und in eine abendliche Regenerationsphase** untergliedert werden. Durch die Wahl der Lebensmittel kann dieser Rhythmus unterstützt werden. Einige Nährstoffe, wie z.B. Eiweiß, Kalzium, Eisen zusammen mit Vitamin C, werden besonders gut morgens aufgenommen, da sie aktivitätsfördernd wirken (s. Tabelle S. 85). Andere, wie z.B. Magnesium, Silizium, essentielle Fettsäuren, Vitamin A und Vitamin E, sind zusammen mit Kohlenhydraten besonders am Abend für die Entgiftungsfunktion der Leber und für die Regeneration nützlich (s. Tabelle S. 90).

FRÜHSTÜCK

Eine stillende Mutter sollte morgens möglichst ein **herzhaftes Frühstück** zu sich nehmen, bestehend aus **tierischem Eiweiß (Wurst, Fleisch und/ oder Ei), etwas Hülsenfrüchten (Linsen, Kidneybohnen), ein wenig (Vollkorn-)Brot, Hartkäse für die Kalziumaufnahme, ein wenig Vitamin C-reiche Frucht sowie ein paar dunkelgrünen Salatblättern (z.B. Feldsalat oder Basilikum).**

Das Vitamin C geht in die Muttermilch über. Am Morgen ist es besonders wichtig für die Eisenaufnahme und sorgt für eine gute Rückbildung durch Sulfatierung der Bänder, so dass wieder mehr Festigkeit erreicht wird. Beim Säugling wirkt Vitamin C u.a. gegen Blähungen. Es ist wichtig, dass **natürliches Vitamin C** konsumiert wird, damit der Po des Kindes nicht wund wird.

Dunkelgrüne Blätter oder ersatzweise auch frische Orange enthalten Folsäure, welche einerseits wichtig für die Entwicklung des Kindes ist, andererseits auch wunderbar gegen die so viel zitierte **„Stilldemenz“** bei der Mutter wirkt.

In der folgenden Tabelle sind günstige Nahrungsmittel zusammen mit entsprechenden Hinweisen bezüglich Funktion und Aufnahme bestimmter Nährstoffe aufgeführt. **Wenn es möglich ist, sollte man tierische und pflanzliche Eiweiße, Käse, Vitamin C-reiche Früchte, Blattgrün, evtl. Edelhefe und ein wenig langkettige Kohlenhydrate zu sich nehmen. Die Portionen müssen nicht groß sein. Das Kombinieren verschiedener Lebensmittel führt jedoch zu einer verbesserten Bioverfügbarkeit einzelner Nährstoffe.**

Günstige Nahrungsmittel für das Frühstück

Nahrungsmittel	Nährstoffe	Funktion/ Aufnahme
Wurst- und Fleisch: Gekochter Schinken, luftgetrockneter Schinken, Leberwurst, Fleischwurst, Salami, Lyoner, Bierschinken, Corned-Beef, Rot-/ Schwarzwurst, Leberkäse Nürnberger Würstchen (bei Kälte), Lammwürstchen, Fleischbällchen, kleines Rindersteak, Lammfilet, Schnitzel	Eisen, tierisches Eiweiß,	**Eisen** wirkt aktivierend, wird am besten morgens aufgenommen. Je dunkelroter das Fleisch ist, um so mehr Eisen enthält es. **Tierisches Eiweiß** wird für die Milchproduktion benötigt. Je kälter und nasser die Jahreszeit ist, um so mehr benötigen wir die fetten Wurst- bzw. Fleischsorten (Vitamin D). Im Sommer lieber die mageren Sorten bevorzugen.
Hähnchenschenkel, Wiener Würstchen, Leberkäse	Tryptophan	**Tryptophan** wirkt beruhigend, entspannend und antidepressiv; Grundsubstanz für Synthese von **Niacin** (Vitamin B3) und Serotonin (Neurotransmitter, der Schlaf und Sättigungsgefühl und Stimmungen steuert) und Melatonin (Hormon des Körperzyklusses/ reguliert Schlaf-Wach-Rhythmus); **Tryptophan** ist wichtig für die Hirnfunktion, für die Regeneration und für das Immunsystem; wird besonders gut morgens und mittags aufgenommen
Fisch: Hering (Hering in Aspik, Brathering, Sild, Bismark-Hering), Zucht-Lachs	Omega-3-Fettsäuren Fremdeiweiß	Omega-3-Fettsäuren wirken anti-allergen, sie verändern die Aktivität der Immunzellen bzw. dämpfen die Immunantwort und wirken entzündungshemmend. Das frühe Gewöhnen an **Fremdeiweiße** scheint zusätzlich überschießende Reaktionen des Immunsystems zu vermindern, so dass das gestillte Kind weniger anfällig für spätere Lebensmittelallergien ist.
Rohmilch-Hartkäse, wie z.B. Gruyère, Bergkäse, Appenzeller, Allgäuer Emmentaler, frischer Parmesan im Stück (nicht in geriebener Form aus der Dose)	Kalzium, tierisches Eiweiß	**Kalzium und auch tierisches Eiweiß** wirken kreislaufstabilisierend und anregend, wichtig für die Milchproduktion, wenn man das Gefühl hat, zu wenig Milch zu haben. Zusammen mit **Folsäure** wirkt **Kalzium** entgegen einer Entkalkung der Zähne durch Stillen

Nahrungsmittel	Nährstoffe	Funktion/ Aufnahme
Eierspeisen in Form von Rührei (evtl. mit Schinkenwürfeln, Bacon oder geriebenen frischen Parmesan), Löffelei, Spiegelei, Omelette, Eierpfannkuchen. In den Teig der Eierpfannkuchen (evtl. als Waffel gebacken) kann man auch sehr gut gegarten Maisgries (Tyrosin-haltig) beimengen oder auch Haferflocken (in der kälteren Jahreszeit), gegarte Hirse (wenn man sich schwunglos empfindet) oder pürierte weiße Bohnen aus der Dose (Zink-haltig)	Tierisches Eiweiß, Cystein, Tyrosin, Vitamin D	Zur **Kalzium**verwertung, kreislaufstabilisierend durch **Tyrosin** (Aminosäure), aus der im Nebennierenmark die Stresshormone Adrenalin und Noradrenalin gebildet werden. Wichtig, damit man den gesteigerten Anforderungen standhält und sie nicht als zu belastend empfindet. **Tyrosin** wirkt steigernd auf die Leistungsbereitschaft. **Cystein** (Aminosäure) ist wichtig für das Sprachzentrum, **Vitamin D** ist besonders in der nass-kalten Jahreszeit notwendig für die Aufnahme von **Kalzium** in die Knochen und in die Zähne.
Brot: Vollkornbrot, Vielkornbrot, Weißbrot, Knäckebrot, Maiswaffeln (Tyrosin), Hirsewaffeln, Hirsebrei *Je wärmer es ist, um so weniger Vollkornbrot und umso mehr Weißmehlbrot verträgt man.* *Hirse nicht mehr als einmal pro Woche essen, da man sonst schnell garstig und jähzornig werden kann durch Threonin-Überschuss.*	Kohlenhydrate, Vitamin B1 und B6	als Energielieferant **Vitamin B1** und **Vitamin B6** sind wichtig bei dem Eiweißstoffwechsel. **Vitamin B1** kann zusammen mit **Vitamin C** den Heißhunger auf Süßigkeiten mindern und den Teufelskreis, ständig mehr Süßigkeiten und Zucker zu sich nehmen zu wollen, durchbrechen. **Vitamin B6** wirkt gut gegen Nackenverspannungen bei Mutter und Kind.
Hülsenfrüchte: Linsen, Kichererbsen, gelbe Erbsen, weiße Bohnen, rote Kidneybohnen, grüne Erbsen Viele der Hülsenfrüchte lassen sich auch hervorragend zu einem vegetarischen Brotaufstrich verarbeiten.	pflanzliches Eiweiß und vollwertige Kohlenhydrate, Vitamin B6, z.T. Mangan, Zink, Selen, Kupfer	**Vitamin B6** ist wichtig für den Eiweißstoffwechsel und wirkt sehr gut gegen Nackenverspannungen. **Mangan** aus braunen Linsen, gelben Erbsen und aus Kichererbsen macht friedlich und wirkt gut gegen Berührungsempfindlichkeit. **Selen** aus Kidneybohnen macht beweglich im Halsbereich. **Zink** aus weißen Bohnen fördert das logische Denken, kann aber auch zu Gefühlsarmut führen. **Kupfer** aus grünen Erbsen macht kreativ. Grind/ Gneis und Milchschorf sind Zeichen einer Kupferunterversorgung. Kupfer wird besonders gut morgens aufgenommen.

Nahrungsmittel	Nährstoffe	Funktion/ Aufnahme
Streichfett: Butter Schmalz *(im Winter)*	Essentielle Fettsäuren, Vitamin D, etwas Vitamin A (Butter)	als Energielieferant **Essentielle Fettsäuen** sind wichtig für das Nervenwachstum. Fettsäuren und **fettlösliche Vitamine** gehen direkt in die Muttermilch über. Vitamin D benötigen wir zur Kalziumverwertung und es wirkt kreislaufstabilisierend. Schmalz ist besonders **Vitamin D**-reich, so dass er in der nass-kalten Jahreszeit benötigt wird. Butter kann das ganze Jahr über gegessen werden.
Obst: Himbeeren, Johannisbeeren, gelbe Zitrusfrüchte, Kirschen, Aprikosen, Erdbeeren (nicht bei Neurodermitis oder Allergiebereitschaft) und Orangen	Vitamin C	**Vitamin C** wirkt aktivierend und fördert die **Folsäure**- und **Eisen**verwertung. Vitamin C hilft gegen Blähungen am Nachmittag.
Blattgrün/ Blattsalat: Basilikum, Feldsalat, Römersalat **oder frische Orange**	Folsäure	**Folsäure** ist wichtig für den Eiweißstoffwechsel und für die Eisenverwertung. Zusammen mit **Kalzium** wirkt es gegen Entkalkung der Zähne (grau werdende Zähne) durch Stillen.
Edelhefe	Vitamin B1	**Vitamin B1** ist gut für die Eiweißverwertung, Edelhefe gleicht den Vitamin B1-Haushalt aus z.B. bei hohem Süßigkeitenkonsum.
Getränke: Wasser evtl. angereichert mit ein wenig rotem Johannisbeersaft, Kirschsaft, Himbeersaft, rotem Traubensaft, frischem Zitronensaft; Tönnies-Kaffee, Tönnies-Tee (in Maßen)	Wasser mit ein wenig Vitamin C, Koffein	**Vitamin C** wirkt anregend auf Kreislauf und auf die Magensäurebildung. **Koffein** aus Kaffee und echtem Tee (schwarz, grün, weiß) regen den Kreislauf an.

GETRÄNKE

Während der Stillzeit sollte man auf **koffeinhaltige Getränke** weitestgehend **verzichten**, da Koffein und evtl. auch Gerbsäuren in die Muttermilch übergehen. Dennoch benötigt die eine oder andere Mutter vielleicht zwischendurch eine kleine Kreislaufanregung, um in den Tag zu kommen. In diesen Fällen ist der morgendliche Genuss einer Tasse Tönnies-Kaffee oder Tönnies-Tee zu empfehlen. Beide Getränke werden mit zuckerhaltigem Wasser und nur sehr kurz aufgebrüht, so dass begleitende Gerbsäuren weniger stark in dem Getränk vorhanden sind, das gewünschte Koffein jedoch enthalten ist. **Je länger der Kaffee brüht oder der schwarze Tee zieht, um so unverträglicher werden sie.** Gerbsäuren werden frei und reizen die Magenschleimhäute. Auch verhindern Gerbsäuren die Aufnahme von vielen Mineralien und Spurenelementen, wie z.B. auch die von Eisen.

Roibusch-Tee, den viele Mütter als Ersatz für den gewohnten schwarzen Tee während der Schwangerschaft und Stillphase trinken, ist weniger zu empfehlen, da dieser ebenfalls Gerbsäuren aufweist aber dazu noch nicht einmal die kreislaufanregende Wirkung von Koffein zeigt. Roibusch-Tee dämpft die Nebennierenfunktion, so dass man durch den Konsum eher müde und unausgeglichen wird.

Der **Flüssigkeitsbedarf** während des Stillens ist am besten mit **Wasser** zu decken. Die Trinkmenge, die eine stillende Mutter pro Tag zu sich nehmen soll, wird mit ca. 1700ml angegeben (Koletzko 2010). Im Sommer ist der Bedarf meist höher als im Winter. Eine Trinkmenge von ca. 3 Litern pro Tag sollte nicht überschritten werden, da sonst zu viele wasserlösliche Vitamine durch den mütterlichen Urin ausgeschieden werden. Am besten ist es, wenn man zu jeder Stillmahlzeit ein Glas Wasser trinkt, welches nicht allzu natriumarm bzw. arm an Mineralien ist. Viele stillende Mütter lieben in dieser Phase Heilwasser, die hohe Mineralstoffgehalte aufweisen, wie z.B. Fachingen.

Tönnies-Kaffee

Zutaten pro Person:

- 1 Becher Wasser
- 1 TL Zucker
- 1-2 EL Kaffee, grob gemahlen

Zubereitung:

Wasser zusammen mit dem Zucker in einem Topf zum Kochen bringen. Kaffeepulver einstreuen und kurz einmal aufschäumen lassen und dabei einmal umrühren. Flüssigkeit schnell in eine Kaffekanne mit Sieb zum Herunterdrücken gießen und das Sieb herunterdrücken oder durch ein Teesieb gießen. Kaffee in einen Trinkbecker umfüllen. Der leicht süßliche Kaffee ist besonders bekömmlich und stark anregend und kann mit oder ohne Milch getrunken werden.

Tönnies-Tee

Zutaten pro Person:

- 1 Becher Wasser
- 1 TL Zucker
- 1-2 TL schwarzen Tee

Zubereitung:

Wasser zusammen mit dem Zucker in einem Topf zum Kochen bringen. Schwarzen Tee dazugeben. Nur 15 Sekunden ziehen lassen und dann durch ein Sieb abgießen. Der kurz gezogene Tee regt die Nebennierenfunktion an und macht besonders wach. Lässt man den Tee länger ziehen, werden Stoffe frei, die beruhigend wirken, gleichzeitig werden aber auch Gerbsäuren frei, die den Tee weniger bekömmlich werden lassen.

Beachte: Bei einer Überversorgung mit Jod, die in Form einer Schilddrüsenüberfunktion zum Beispiel während eines Nordseeurlaubs deutlich wird oder durch Berührungsüberempfindlichkeit zu spüren ist, kann kurz gezogener Tee unbekömmlich sein. **Ein echter, lang gezogener Friesen-Tee wird dann besser vertragen.** Grund dafür ist Fluor, welches in einem fünf bis sieben Minuten lang gezogenem schwarzen Tee gelöst wird und als Gegenspieler zu Jod im Stoffwechsel fungiert. Das Teewasser sollte dann ebenfalls mit Zucker angereichert sein, bevor die Teeblätter darin ziehen.

ABENDESSEN 

Beim Zusammenstellen der Speisen für das Abendessen ist es wichtig, dass der Körper sich danach erholen und regenerieren kann. Zu Beginn der Stillzeit kann es sein, dass das Kind in der Nacht alle zwei Stunden gestillt werden möchte, so dass man nicht in den Tiefschlaf findet. Es ist daher zu empfehlen, Nahrungsmittel zu essen, die den Magen wenig belasten und trotz des wenigen Schlafens eine gute Regeneration ermöglichen. **Daher ist eine vegetarische Ernährungsweise am Abend sinnvoll. Kohlenhydrate zusammen mit pflanzlichen Fetten sowie magnesiumreichem Gemüse und etwas Salz sind empfehlenswert.** Bei häufigem nächtlichen Stillen, beim Stillen von Zwillingen oder auch nach dem fünften Monat Vollstillen ist zusätzlich auf Kalzium zu achten. Ein wenig frischer Parmesankäse zum Abendessen ist dann sinnvoll, um nicht in eine Kalziumunterversorgung zu geraten.

Zu bemerken ist eine Kalziumunterversorgung durch das Gefühl, seine Beine bewegen zu müssen, sobald man zur Ruhe kommt bzw. im Bett liegt – und das, obwohl bzw. gerade weil man hundemüde ist. Der Kreislauf sackt durch das zur Ruhe kommen zu stark ab. Kalzium (als Gegenspieler von Magnesium) stabilisiert den Kreislauf wieder.

Ein- bis zweimal pro Woche ist auch der Konsum von **fettem Tiefseefisch** am Abend zu empfehlen, um ausreichende Mengen an essentiellen **Omega-3-Fettsäuren** aufzunehmen, die besonders wichtig für die Hirnentwicklung des Kindes sind sowie antiallergene Wirkung zeigen (s. S. 75).

In der nachfolgenden Tabelle werden Lebensmittel zusammen mit den darin enthaltenen Nährstoffen und deren Funktion bzw. Nutzen aufgeführt, die besonders günstig für eine gute nächtliche Regeneration sind.

Günstige Nahrungsmittel für das Abendessen

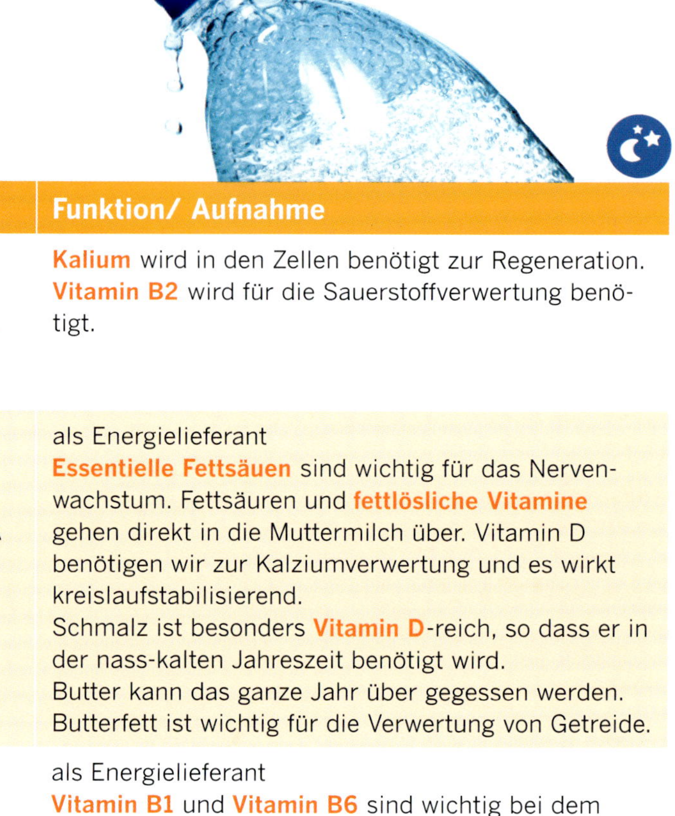

Nahrungsmittel	Nährstoffe	Funktion/ Aufnahme
Getränke: Wasser, Mineralwasser/ Heilwasser, das reich an Mineralien ist, Kräuterstilltee evtl. angereichert mit ein wenig Birnensaft, Traubensaft, Aprikosensaft	Wasser mit ein wenig Kalium und Vitamin B2	**Kalium** wird in den Zellen benötigt zur Regeneration. **Vitamin B2** wird für die Sauerstoffverwertung benötigt.
Streichfett: Butter, Schmalz *(im Winter, bei Kreislaufschwäche)*	Essentielle Fettsäuren, Vitamin D, etwas Vitamin A (in Butter)	als Energielieferant **Essentielle Fettsäuen** sind wichtig für das Nervenwachstum. Fettsäuren und **fettlösliche Vitamine** gehen direkt in die Muttermilch über. Vitamin D benötigen wir zur Kalziumverwertung und es wirkt kreislaufstabilisierend. Schmalz ist besonders **Vitamin D**-reich, so dass er in der nass-kalten Jahreszeit benötigt wird. Butter kann das ganze Jahr über gegessen werden. Butterfett ist wichtig für die Verwertung von Getreide.
Brot/ Getreide: Vollkornbrot, Vielkornbrot, Weißbrot, Knäckebrot, Maiswaffeln (Tyrosin), Hirsebrei, Reis, Bulgur, Buchweizen *Je wärmer es ist, um so weniger Vollkornbrot und umso mehr Weißmehlbrot verträgt man.* *Hirse nicht mehr als einmal pro Woche essen, da man sonst schnell garstig und jähzornig werden kann durch Threonin-Überschuss.*	Kohlenhydrate, Vitamin B1 und Vitamin B6	als Energielieferant **Vitamin B1** und **Vitamin B6** sind wichtig bei dem Eiweißstoffwechsel. **Vitamin B1** kann zusammen mit **Vitamin C** den Heißhunger auf Süßigkeiten mindern und den Teufelskreis, ständig mehr Süßigkeiten und Zucker zu sich nehmen zu wollen, durchbrechen. **Vitamin B6** wirkt gut gegen Nackenverspannungen bei Mutter und Kind.

Nahrungsmittel	Nährstoffe	Funktion/ Aufnahme
Hülsenfrüchte: Linsen, Kichererbsen, gelbe Erbsen weiße Bohnen, rote Kidneybohnen, grüne Erbsen Viele der Hülsenfrüchte lassen sich leicht zu einem vegetarischen Brotaufstrich verarbeiten.	pflanzliches Eiweiß und vollwertige Kohlenhydrate, Vitamin B6, z.T. Mangan, Zink, Selen, Kupfer	**Vitamin B6** ist wichtig für den Eiweißstoffwechsel und wirkt sehr gut gegen Nackenverspannungen. **Mangan** aus braunen Linsen, gelben Erbsen und aus Kichererbsen macht friedlich und wirkt gut gegen Berührungsempfindlichkeit. **Selen** aus Kidneybohnen macht beweglich im Halsbereich. **Zink** aus weißen Bohnen fördert das logische Denken, kann aber auch zu Gefühlsarmut führen. **Kupfer** aus grünen Erbsen macht kreativ. Grind/ Gneis und Milchschorf sind Zeichen einer Kupferunterversorgung. Kupfer wird besonders gut morgens aufgenommen.
Gemüse: Gemüserohkost, Blattsalate mit Öl und Essig, sauer eingelegtes Gemüse (Gurken, rote Bete) Gemüseeintöpfe, Gemüseaufläufe mit Hartkäse überbacken, kurz gegartes Gemüse (Blumenkohl, Brokkoli, Fenchel, Kohlrabi, grüne Bohnen, Schmorrgurke, Tomate, rote Paprika)	Magnesium, Kalium, Pro-Vitamin A	**Magnesium** ist beteiligt am Energiestoffwechsel, an der Nervenfunktion, an der Muskelentspannung, an dem Zahn- und Knochenaufbau; es wirkt beruhigend und ist wichtig bei der Regeneration: **Magnesium** wird nur zusammen mit **Kohlenhydraten, Kalium** und **Vitamin A** in die Zelle aufgenommen; und das nur bei körperlicher Ruhe. Zum Aufbau von körpereigenen Energiereserven (Glykogen) in Leber und Muskulatur benötigen wir zusätzlich noch **Vitamin E** (gutes Öl, Weizenkeime) **Kalium** befindet sich in jeder Zelle; es dient der Übertragung von Nervenimpulsen: Muskelkontraktionen werden auf diese Art in Gang gesetzt; es kontrolliert und reguliert die Flüssigkeitsmenge in unserem Körper zusammen mit Natrium. Es ist an regenerierenden Stoffwechselprozessen beteiligt: damit der Körper Blutzucker in Form von Glykogen in Muskeln und Leber als Energiereserve speichern kann, wird **Kalium** zusammen mit **Vitamin E** benötigt.

Nahrungsmittel	Nährstoffe	Funktion/ Aufnahme
Kartoffelgerichte: Bratkartoffeln, Pellkartoffeln mit Butter oder gewürztem Öl oder etwas Frischkäse, Kartoffelsalat, Kartoffelbrei, Kartoffelauflauf mit Sahne und Parmesan	Kohlenhydrate und Niacin	Kartoffel enthält viel **Niacin**, welches die Freisetzung von Energie beim Kohlenhydratstoffwechsel ermöglicht; wirkt stabilisierend auf den Kreislauf; ist an der Bildung von Fettsäuren, Aminosäuren und Hormonen beteiligt, sorgt bei starker Sonneneinstrahlung für inneren Zellschutz. Als **Energielieferant** wirkt Kartoffel besonders gut zusammen mit einem Stück Brot und ein wenig Butterfett (Sahne/ Schmand). Für stillende Frauen ist die Kombination mit ein wenig kalziumreichem Parmesankäse sinnvoll, damit der Kreislauf nicht zu stark gedämpft wird.
Fisch: Makrele, Sardine, Hering in Tomaten- oder Senf-Soße Zucht-Lachs. *(1-2 mal pro Woche)* *(Wildlachs ist wegen des höheren Chromgehalts weniger gut bei Allergie/ Neurodermitis als Zuchtlachs)*	Omega-3-Fettsäuren Fremdeiweiß	**Omega-3-Fettsäuren** wirken anti-allergen, sie verändern die Aktivität der Immunzellen bzw. dämpfen die Immunantwort und wirken entzündungshemmend. Omega-3-Fettsäuren gehören zu den essentiellen Fettsäuren und sind besonders wichtig für die Gehirnentwicklung. Das frühe Gewöhnen an **Fremdeiweiße** scheint zusätzlich überschießende Reaktionen des Immunsystems zu vermindern, so dass das gestillte Kind weniger anfällig für spätere Lebensmittelallergien ist.
Weichkäse: Brie, Camembert, Blauschimmelkäse	Vitamin B2	**Vitamin B2** benötigen wir zusammen mit **Kupfer** (rote Bete) für die Sauerstoffverwertung. Es ist ein Baustein verschiedener Coenzyme: beteiligt an Umwandelprozessen von Eiweiß, Fett und Kohlenhydraten zu Körperenergie und ist beteiligt an der Produktion von Schilddrüsenhormonen sowie an der Produktion von infektionsbekämpfender Immunzellen.
Rohmilch-Hartkäse, wie z.B. Gruyère, Bergkäse, Appenzeller, Allgäuer Emmentaler, frischer Parmesan im Stück (nicht in geriebener Form aus der Dose)	Kalzium	**Kalzium** wirkt kreislaufstabilisierend und anregend, wichtig für die Milchproduktion, wenn man das Gefühl hat, zu wenig Milch zu haben. Zusammen mit **Folsäure** wirkt **Kalzium** entgegen einer Entkalkung der Zähne durch Stillen, **Kalzium** am Abend ist für viel stillende Mütter wichtig, wenn sie das Gefühl haben, ihre Beine bewegen zu müssen, sobald sie liegen und der Kreislauf zur Ruhe kommt.

MITTAGESSEN

Die Mittagsmahlzeit kann frei gestaltet werden. Häufig kommt man zu Beginn der Stillphase recht wenig dazu, sich ein komplettes Essen zuzubereiten. Man sollte dennoch nicht dazu übergehen, sich nur von Fertiggerichte oder Süßigkeiten zu ernähren. Damit hält man den recht anspruchsvollen Tag nicht durch, zumal durch das Stillen viele Nährstoffe benötigt werden, um nicht selber in einen Defizitbereich zu geraten. **Schnelle Gerichte, die den Bedarf an Nährstoffen einer stillenden Mutter decken** und dazu eher nicht anbrennen können, obwohl man nicht immer dabei steht und umrühren kann, eignen sich in dieser Zeit besonders gut.

Wenn das Frühstück herzhaft ausgefallen ist und Fleisch und/ oder Wurstwaren oder Fisch oder Ei verzehrt wurden, kann zum Mittagessen ein Schwerpunkt auf Lebensmittel mit Kohlenhydraten und pflanzlichen Proteinen gelegt werden. Eine Kombination von Getreide und Hülsenfrüchten zusammen mit etwas Butterfett eignet sich sehr gut. Dazu noch etwas Parmesankäse, frisches Gemüse und/ oder Basilikumblätter. Letztere sind reich an Folsäure. Basilikum kann das ganze Jahr über im Supermarkt als Kräuterpott gekauft werden. So kann Folsäure nicht verloren gehen, wie es bei welk werdenden Salatblättern häufig der Fall ist.

Falls der Tag mit wenig oder keinem tierischen Eiweiß begonnen hat, kann man nun spätestens am Mittag noch Fleisch bzw. tierisches Eiweiß in Form von Fisch oder Ei essen. Später am Tage wird es weniger gut verdaut. Eine Ausnahme bildet eine kleine Portion fetter Fisch, die auch am Abend noch für viele Stillende bekömmlich ist.

Bedarfsgerechte Gerichte für das Mittagessen, die mit wenig Aufwand verbunden sind

Gerichte mit Schwerpunkt auf Kohlenhydrate:

Kurz gegarte Linsen: Braune Linsen (Vitamin B6, Vitamin B1, Pantothensäure, Mangan, pflanzliches Eiweiß) mindestens 4 Stunden vorab in dreifacher Menge **Wasser** einweichen. Dann auf dem Herd für 4 Minuten kochen lassen. **Meersalz** (Natrium, Jod), **Butter** (essentielle Fettsäuren, Vitamin D) und Gewürze evtl. klein geschnittenen **Kochschinken** (Tryptophan, tierisches Eiweiß) und **rote Paprika** (Niacin) in Würfeln hinzugeben. Dazu geröstetes **Brot** (Kohlenhydrate) essen.

Pellkartoffeln (Kohlenhydrate, Niacin) mit **Butter** (Essentielle Fettsäuren) und **Meersalz** (Natrium, Jod), dazu **rote Bete** aus dem Glas (Kupfer), als Nachtisch einen **Joghurt** (Vitamin B2).

(Vollkorn-)Reis (Kohlenhydrate, Vitamin B1, Vitamin B6) mit **Butter** (essentielle Fettsäuren), **Meersalz** (Natrium, Jod) und **Kidneybohnen** (Selen, Mangan, Vitamin B6) aus der Dose vermengen. Als Nachtisch einen **Joghurt** (Vitamin B2) essen.

Backkartoffeln (Kohlenhydrate, Niacin) mit etwas **Schafskäse** (Methionin) und **Hartkäse** (Kalzium) überbacken, dazu ein paar aufgeschnittene **Tomatenhälften** (Pro-Vitamin A) ebenfalls mit Käse bedecken und mit in die Auflaufform legen und mitgaren lassen. Nach dem Backen zusammen mit ein paar Basilikumblättern (Folsäure) verspeisen.

Nudeln (Kohlenhydrate) mit **Olivenöl oder Pesto** (Vitamin A, Vitamin E, essentielle Fettäuren) **und Meersalz** (Natrium, Jod) etwas **Parmesan** (Kalzium), halbierten **Cherrytomaten** (Pro Vitamin A) und **Basilikumblätter** (Folsäure)

Reis (Kohlenhydrate) **mit kurz gegarten Linsen** (Mangan, Molybdän, Vitamin B1, Pantothensäure, Vitamin B6) mischen, mit **Butter** (essentielle Fettsäuren, Vitamin D), **Meersalz** (Natrium, Jod), evtl. mit frischer roter **Bio-Paprika** (kleingehackt) (Niacin) abschmecken.

Vollkornnudeln (Kohlenhydrate, Vitamin B1, Vitamin B6) mit **Butter** (essentielle Fettsäuren, Vitamin D), Meersalz (Natrium, Jod), **gehackte Wallnüsse** (Vitamin E, essentielle Fettsäuren) und/ oder **Kürbiskerne** (Zink, essentielle Fettsäuren) darüber geben, gehobelten **Parmesankäse** (Kalzium), ein wenig **Blauschimmelkäse** (Vitamin B2) darüber krümeln und mit ein paar **Basilikumblättern** (Folsäure) dekorieren.

Bunte Gemüsepfanne: dazu frisches Gemüse (Kalium), wie z.B. Fenchel (Niacin), Karotte (Pro-Vitamin A), Kohlrabi (Magnesium), Pastinake (Vitamin A), Brokkoli (Folsäure, Magnesium), Wirsingkohl (Vitamin K, Vitamin C) oder Blumenkohl (Zink), kleine Stückchen schneiden, zusammen **mit Butter** (essentielle Fettsäuren, Vitamin D) und **Meersalz** (Natrium, Jod) in einer Pfanne einmal bis zum Brutzeln erhitzen, Deckel auflegen, Herd ausstellen und ca. 10 Minuten garziehen lassen. Zusammen mit etwas **saurer Sahne** (Vitamin B2) sowie **Brot** oder **Reis** (Kohlenhydrate) essen.

Nudelauflauf (Kohlenhydrate) **mit TK-Erbsen** (Kupfer) **und verschlagenem Ei** (Tyrosin, Cystein, Vitamin D) und **Hartkäse** (Kalzium) im Backofen bei 180°C für 35 Minuten garen lassen.

Gerichte mit Schwerpunkt auf Fisch und Schalentiere:

Pellkartoffeln (Kohlenhydrate, Niacin) **mit gekauften Nordseekrabbensalat** (Cystein/ frisch vom Fischhändler)

Pellkartoffeln (Kohlenhydrate, Niacin) mit **graved Zucht-Lachs** (Omega-3-Fettsäuren, Vitamin D) und ein wenig **Meerrettichsahne** (Schwefel)

Frisches Fischfilet (Kabeljau, Steinbeißer, Zander, Flunder/ Lysin, Jod) in sprudelnd kochendes, gesalzenes Wasser legen (Wasser in fünffacher Menge in Bezug zu Fischfilet), mit Deckel abdecken, Topf vom Herd nehmen und Fischfilet für ca. 10 bis 15 Minuten garziehen lassen. Nicht mehr weiter erhitzen. Zusammen mit **gebuttertem Reis** (essentielle Fettsäuren, Kohlenhydrate) und **gesalzener** (Natrium, evtl. Jod) **Gurke** (Kalium, Magnesium) essen.

Gerichte mit Schwerpunkt auf Fleisch:

Hähnchenschenkel (Tryptophan, tierisches Eiweiß/ vom Schlachter, keine TK-Ware) gut mit Öl bestreichen und mit Meersalz bestreuen und in einer Auflaufform im Ofen bei 180°C (vorheizen) für ca. 30 Minuten garen lassen (evtl. Timer einstellen). Zusammen mit **gebuttertem Reis** (essentielle Fettsäuren, Kohlenhydrate) und etwas **Mais aus der Dose** (Vitamin B2) essen (s. S. 117).

Rindersteak (Eisen, Zink, Vitamin B6, tierisches Eiweiß) mit **Polentaschnitte** (Tyrosin) und **TK-Erbsen** (Kupfer) zubereiten (s. S. 114).

Kalbgeschnetzeltes (Tryptophan, Eisen) mit **Champignons** (Niacin) und **Sahnesoße** (Vitamin B2) in der Pfanne kurz garen, etwas **Meersalz** (Natrium, Jod) und **Edelhefe** (Vitamin B1) darüber streuen und dazu **Nudeln** oder **Brot** (Kohlenhydrate) und **rote Bete** (Kupfer) aus dem Glas essen.

Lammlachs oder 2 **Lammfilets** (Eisen, Molybdän, tierisches Eiweiß) in Olivenöl von beiden Seiten anbraten, mit Deckel abdecken und vom Herd nehmen, für ca. 10 Minuten gar ziehen lassen. Dazu **Kartoffeln** (Niacin) essen, **Feldsalat** oder **Ruccola** (Folsäure) mit **Balsamicocreme** anrichten.

Wiener Würstchen (Tryptophan, tierisches Eiweiß) mit **geröstetem Brot** (Kohlenhydrate) und etwas **Senf** (Schwefel) essen.

Geflügelleber oder **Lammleber** (100 Gramm Bio-Ware) (Vitamin A, Eisen, Molybdän, Vitamin B2) kurz in der Pfanne mit Öl anbraten, Deckel auflegen und vom Herd nehmen, ca. 10 Minuten gar ziehen lassen. Mit **Meersalz** (Natrium, Jod) und Balsamicocreme evtl. etwas Pfeffer (Chrom) würzen. Dazu **Feldsalat** oder **Römersalat** (Folsäure) und **geröstetes Weißbrot** (Kohlenhydrate) essen (s. S. 116).

Gerichte mit Schwerpunkt auf Ei:

Spiegelei (Tyrosin, Cystein, Vitamin D) auf mit **Butter** (essentielle Fettsäuren, Vitamin D) bestrichenem **Schwarzbrot** (Kohlenhydrate) legen, dazu **rote Bete** (Kupfer) aus dem Glas und **Basilikumblätter** (Folsäure) essen.

Rührei (Tyrosin, Cystein, Vitamin D) mit geriebenem **Hartkäse** (Kalzium) und ein paar Löffel kurz **gegarte Linsen** (Mangan, Vitamin B1, Pantothensäure, Vitamin B6), dazu **saure Gurke** (Magnesium) aus dem Glas und **Butterbrot** (Kohlenhydrate) (s. S. 122).

ZWISCHENMAHLZEITEN FÜR STILLENDE

Nicht immer gelingt es einem als stillende Mutter, sich etwas zu kochen. In diesen Fällen ist es wichtig, dass kleine Zwischenmalzeiten bedarfsgerecht ausgewählt werden. In der Tabelle „Zwischenmahlzeiten“ sind Lebensmittel bzw. Speisen sowie deren Nährstoffe in Verbindung mit ihrer Funktion aufgeführt, die bedarfsgerecht zwischendurch gegessen werden können (s. S. 98-100).

Günstige Nahrungsmittel für Zwischenmahlzeiten

Nahrungsmittel	Nährstoffe	Funktion/ Aufnahme
Haferflocken (3-4 Esslöffel), kleine Prise Meersalz, lauwarme Milch, Sauerkirschen aus dem Glas (nach Tönnies). **Müsli aus Gerste- und/ oder Haferflocken** *besonders geeignet an feucht-kalten Tagen*	Pantothensäure (Vitamin B5), Zink	**Pantothensäure** ist beteiligt am Auf- und Abbau von Kohlenhydraten, Fetten und Aminosäuren; sie bewirkt die Speicherung von Energie und wirkt an der Wärmebildung mit: Wenn der Säugling kalte Hände und Füße aufweist, sollte die Mutter häufiger pantothensäurehaltige Nahrungsmittel zu sich nehmen. Pantothensäure hilft gegen chronisches Müdigkeitssyndrom, Migräne, Verdauungsstörungen, lindert allergische Symptome (Heuschnupfen) und verbessert die Schleimhautfunktionen. Im Verhalten fördert sie die Phantasie, den *Ideenreichtum* und verringert Depressionen. **Zink** spielt eine wichtige Rolle bei der Immunabwehr- besonders gegen Grippe, Erkältung, Bindehautentzündung und andere Infekte; Zink macht willensstark und fördert das logische Denken. Aber Vorsicht! Bei Kindern mit Neurodermitis im Wangenbereich nur wenig Zink aufnehmen, da Zink Gegenspieler von **Kupfer** ist, welches bei Hautauffälligkeiten meist mehr benötigt wird.
Polenta (Maisgrießbrei) mit reifen Pfirsichen *ganzjährig zu empfehlen*	Tyrosin, Vitamin B2 aus den Pfirsichen	**Tyrosin** ist eine Aminosäure, aus der im Nebennierenmark die Stresshormone Adrenalin und Noradrenalin gebildet werden, welche u.a. die Leistungsbereitschaft steigern können bzw. die Funktion der Nebennieren stärkt. **Vitamin B2** verbessert die Energie- und Sauerstoffversorgung der Hirnzellen, verringert Kopfschmerzen durch verbrauchte Luft, hilft beim Heilungsprozess eingerissener Mundwinkel.
Cashewkerne (Bio-Ware), **Walnüsse, Haselnüsse, Erdnüsse**	Essentielle Fettsäuren, Vitamin E, Energielieferant	**Essentielle Fettsäuren** sind wichtig für das Nervenwachstum. Fettsäuren und **fettlösliche Vitamine (Vitamin E)** gehen direkt in die Muttermilch über. Vitamin E ist Gegenspieler zu Vitamin D. Als Energielieferant steigern Nüsse und Cashewkerne die Milchproduktion.

Nahrungsmittel	Nährstoffe	Funktion/ Aufnahme
Hirsewaffeln *Nicht mehr als einmal pro Woche essen, da man sonst schnell garstig und jähzornig werden kann durch Threonin-Überschuss.*	Threonin	**Threonin** ist eine essentielle Aminosäure, die für die Produktion von Antikörpern und Immunglobulinen, welche für ein intaktes Immunsystem unabdingbar sind, benötigt wird. Threonin ist auch wichtiger Bestandteil des Kollagens zum Aufbau von Zähnen und Knochen. Threonin dient bei starker körperlicher Belastung auch der Energiegewinnung und kann kräftigend wirken.
Frisches Popcorn *zum wieder warm werden an kälteren und feuchten Tagen*	**Pantothensäure** (Vitamin B5)	**Pantothensäure** ist beteiligt am Auf- und Abbau von Kohlenhydraten, Fetten und Aminosäuren; bewirkt die Speicherung von Energie und wirkt an der Wärmebildung mit. Wenn der Säugling kalte Hände und Füße aufweist, sollte die Mutter häufiger Pantothensäure-haltige Nahrungsmittel zu sich nehmen. Pantothensäure hilft gegen chronisches Müdigkeitssyndrom, Migräne, Verdauungsstörungen, lindert allergische Symptome (Heuschnupfen) und verbessert die Schleimhautfunktionen. Im Verhalten fördert sie die Phantasie, den *Ideenreichtum* und verringert Depressionen.
Buttermilch mit etwas Fruchtsaft gemischt oder verarbeitet mit reifen Früchten (wie z.B. Banane, Aprikose, Erdbeeren) zu einem Buttermilchshake *gegen Hitze sehr zu empfehlen* *besonders geeignet gegen Heuschnupfen (1x täglich 1-2 cl Buttermilch)*	Isoleucin und Lysin (essentielle Aminosäuren), zzgl. Kalium, Fruktose (Zucker) und Vitamine aus den Früchten	**Isoleucin** sorgt für Ausschüttung von Insulin, was die Aufnahme von Glukose und Aminosäuren aus dem Blutkreislauf in die Muskelzellen anregt. Dies wiederum ist für die Regulation des Blutzuckerspiegels und für eine rasche Energiegewinnung nötig. Auch das Wachstumshormon Somatotropin wird durch Isoleucin aktiviert. **Lysin** steht für Heiterkeit und ist wichtig für die Sauerstoff- und Fettsäurenverwertung, für die Hautdurchblutung, für das Wachstum, für die „Ausbesserungen“ im Gewebe und spielt eine wichtige Rolle bei der Produktion von Antikörpern, Hormonen und Enzymen.
Joghurt mit Früchten **Quarkspeise** **Frischkäsedipp** mit Knäckebrot *an heißen Sommertagen*	Methionin (Aminosäure)	**Methionin** wirkt anregend und aktivierend; ein zu hoher Quark-Konsum kann zu übersteigertem Drang, sich zu bewegen, bis zu Konzentrationsstörungen führen. Bei Allergierisiko nicht mehr als einmal pro Woche essen.

Nahrungsmittel	Nährstoffe	Funktion/ Aufnahme
Frisches Obst; dazu Knäckebrot mit Butter und Meersalz oder auch etwas **Laugengebäck**	Kalium aus dem Obst Natrium aus dem Salz	**Kalium und Natrium** sollten immer zusammen aufgenommen werden, damit es weder zu einem Überschuss an Kalium aus Obst und Gemüse noch an Natrium aus Salz kommen kann. Kalium und Natrium gehen direkt in die Muttermilch über. Kalium-Überschuss bewirkt Fließschnupfen (auch beim Säugling) und Zittrigkeit, Lustlosigkeit und Antriebschwäche.
Frisches, leicht mit Meersalz **gesalzenes Gemüse,** wie z.B. rote Paprika, frisch aufgeschnittener Fenchel, reife Avocado in Streifen oder Würfel, Salatgurke, Kohlrabi, etwas Karotte	Kalium aus Gemüse sowie Niacin (Vitamin B3) aus Avocado, Fenchel und roter Paprika; Magnesium aus Gurke, Kohlrabi, Avocado; Pro-Vitamin A aus Tomate, Karotte, roter Paprika, Natrium und Jod aus nicht rieselfähigem Meersalz	**Kalium** und **Natrium** immer zusammen (s.o.); **Niacin** wirkt beruhigend, ideenbildend sowie stabilisierend auf den Kreislauf bei Hitze. Zusammen mit Vitamin A wirkt es schützend in der Haut bei Sonneneinstrahlung (Oxidationsschutz).
Honigmelone (evtl. mit Parmaschinken), Erdbeeren mit etwas Meersalz (z.B. Salzstange)	Silizium	**Silizium** geht schnell in die Muttermilch über und reguliert beim Säugling den Stuhlgang. Bei Verstopfung häufiger am Nachmittag und Abend essen evtl. zusammen mit etwas Edelhefe und Meersalz.

ERNÄHRUNGS-EMPFEHLUNGEN FÜR STILLENDE IM ÜBERBLICK

- Morgens herzhaftes Frühstück mit tierischem Eiweiß (Wurst; Steak, Hering, Lachs, Ei) und/oder Hartkäse zusammen mit Vitamin C-reicher Frucht und grünem Salat, ein wenig Brot und ab und zu Hülsenfrüchte (Linsen)
- Mittags Kohlenhydrate und Hülsenfrüchte zusammen mit Butterfett und Meersalz, etwas frisches Gemüse
- Falls morgens kein tierisches Eiweiß gegessen wurde, kann mittags Fleisch, Fisch oder Ei gegessen werden
- Abends vegetarische Kost mit Getreide, Gemüse, Brotaufstrichen aus Hülsenfrüchten, Blattsalaten und gelegentlich fettem Fisch
- Als Zwischenmahlzeiten eignen sich langkettige Kohlenhydrate (Getreideflocken, Hülsenfrüchte), Nüsse, Cashewkerne, Gemüse und Obst in Kombination mit Meersalz, z.B. Salzstangen
- Pro Woche zwei Fischmahlzeiten, wobei jedes zweite Mal fetter Tiefseefisch gegessen werden soll
- Pro Monat zweimal 100 g (Bio-) Leber zum Frühstück oder Mittagessen konsumieren
- Immer Meersalz (nicht rieselfähig) verwenden, evtl. niedrig dosierte Jod-Tabletten vom Arzt verschreiben lassen, wenn man in einem Jod-Mangelgebiet lebt.

MILCHBILDUNG UNTERSTÜTZEN

Um die Milchbildung in den ersten Tagen nach der Entbindung zu unterstützen, benötigt der Körper folgende Nährstoffe bzw. Nahrungsmittel:

- **Zinkhaltige Lebensmittel:**
  Gerste, Haferflocken, Rindfleisch
- **Fettsäuren aus guten Pflanzenölen:**
  Sonnenblumenöl, Kürbiskerne, Kürbiskernöl, Nüsse und Cashewkerne

Wenn man zu einem späteren Zeitpunkt das Gefühl hat, dass die Milchmenge nicht ausreichend zu sein scheint, was häufig im 3. Lebensmonat auftritt, kann man die Milchproduktion einerseits durch ständiges Anlegen an die Brust verbessern.

Andererseits ist ein ernährerischer Schwerpunkt auf folgende Nährstoffe und Lebensmittel zu legen:

- **Zinkhaltige Lebensmittel:**
  Gerste, weiße Bohnen, Zucchini, Blumenkohl
- **Kalziumhaltige Lebensmittel:**
  Parmesankäse, Rohmilchhartkäse, gesäuerter Hering, der mit den feinen Gräten eingelegt wurde (z.B. Hering in Aspik)
- **Eiweißreiche Kost:**
  Rindfleisch, weiße Bohnen, Kalbfleisch, Hähnchenschenkel
- Zusätzlich kann die Milchmenge mit Dill, Majoran, Kümmel, Kreuzkümmel (Cumin), Basilikum oder durch Milchbildungstee (z.B. von Weleda) erhöht werden.
- Zusätzlich hat Tönnies dazu geraten, ein paar Rosmarinnadeln (gemahlen) über das Essen zu geben und Bio-Cashewkerne und kandierten Ingwer, sowie Fenchel roh oder gegart zu essen.

Gut zu wissen:
Pfeffer und Chili weisen sehr hohe Chrom-Werte auf. Da Chrom den Ausbruch und eine Verschlimmerung von Allergien und Neurodermitis begünstigt, werden in vielen Rezepten weder Pfeffer noch Chili verwendet. Sofern jedoch keine Allergiebereitschaft besteht, kann natürlich auch mit Pfeffer oder Chili gewürzt werden.

Gut zu wissen:

Nach der Geburt hilft diese Rinderkraftbrühe einem dabei, wieder zu Kräften zu kommen. Da das Gericht zwar einfach aber recht zeitaufwendig ist, können vielleicht die eigenen Eltern oder Schwiegereltern das Zubereiten übernehmen.

Rindfleisch, Beinscheibe und auch Graupen weisen gut verfügbares **Zink** auf, welches wichtig für die Wundheilung und für die anfängliche Milchbildung ist. Aus dem Porree gewinnen wir etwas **Schwefel**, welcher für die Rückbildung wichtig ist. Aus dem Parmesan gewinnen wir **Kalzium** und das Rindfleisch unterstützt zusätzlich noch bei der Eisenversorgung. Edelhefe enthält sehr viel **Vitamin B1** – gut für die Nerven und für den Kohlenhydratstoffwechsel. Wenn viel Zucker gegessen wurde, benötigt der Körper auch viel Vitamin B1.

Rinderkraftbrühe mit Gerstengraupen

- Zink, Eisen, Eiweiß

Zutaten für 3 bis 4 Portionen

- 3 EL Butterschmalz
- 200 g Beinscheibe vom Rind
- 150 g Rindfleisch (als feines Gulasch geschnitten)
- 2 Liter heißes Wasser
- 1/2 TL Meersalz
- 1/2 Stange Porree
- 1-2 Möhren
- 75 g Knollensellerie
- 2 große Kartoffeln, festkochend
- 150 g Graupen
- Meersalz
- 2 EL frischen Majoran
- Etwas frisch geriebenen Parmesankäse
- Evtl. etwas Edelhefe

Zubereitung

Butterschmalz in einem großen Topf erhitzen und das Fleisch und die Beinscheibe darin von allen Seiten etwas anbraten bzw. bräunen. Heißes Wasser dazugeben und leicht köchelnd für 2 Stunden garen lassen.

Kurz vor Ende der Kochzeit das Gemüse (Porree, Möhre, Knollensellerie) und die Kartoffeln putzen und in kleine Stückchen teilen.

Nach dem Garen die Beinscheibe aus dem Sud nehmen und das Fleisch von Knochen und Sehnen befreien. Fleisch in kleine Stückchen schneiden und wieder zurück in den Sud geben zusammen mit dem klein geschnittenen Gemüse, den Kartoffeln und den Graupen.

Topf erneut auf den Herd stellen und für 30 Minuten das Gemüse und die Graupen im Fleischsud leicht köchelnd garen lassen.

Anschließend etwas salzen und auf dem Teller mit frischen Majoran-Blättern würzen. Kurz vor dem Essen etwas Parmesan und evtl. etwas Edelhefe über die Suppe streuen.

Gerstengraupen als „Risotto" mit Jakobsmuschel

• Zink, Vitamin B6, Eisen, Kalzium

Zutaten für 2 Portionen

- 2 EL Sonnenblumenöl
- 100 g Graupen (Gerste)
- 400 ml Wasser oder Fond
- 30 g Butter
- 1/8 TL Meersalz
- 60 g geriebener Parmesan
- 2 EL Butterschmalz
- 2-4 Jakobsmuscheln, frisch
- 2 Prisen Meersalz

Zubereitung

Öl in einem Topf erhitzen und die Graupen dazugeben. Unter Rühren die Graupen von allen Seiten kurz anrösten. Wasser bzw. Fond hinzugeben und alles bei halbgeschlossenem Deckel mit wenig Hitzezufuhr für 30 Minuten bei niedriger Temperatur köcheln lassen.
In der Zwischenzeit Butterschmalz in einer Pfanne erhitzen und die frischen Jakobsmuscheln von beiden Seiten jeweils eine Minute anbraten. Kurz salzen und bei geschlossenem Deckel ohne weitere Hitzezufuhr für weitere 8 Minuten gar ziehen lassen.
Wenn die Gerstengraupen weich gegart sind mit Butter, Meersalz und geriebenen Parmesankäse abschmecken und auf Tellern verteilen. Jeweils ein oder zwei Jakobsmuscheln darauf setzen.

Gut zu wissen:

Gerstengraupen haben recht viel bioverfügbares **Zink**, was zusammen mit Öl die Milchbildung unterstützt. Zusätzlich haben Gerstengraupen auch **Vitamin B6**, welches gut gegen Verspannungen hilft. Jakobsmuscheln enthalten viel **Eisen**, welches die Mutter zur Erholung nach der Geburt gut gebrauchen kann. Der Parmesankäse enthält viel **Kalzium**, welches für die Milchbildung benötigt wird. Das Graupenrisotto kann auch ohne Jakobsmuscheln zubereitet werden.

Grützwurst

- Molybdän, Eisen, Zink,

Zutaten für ein bis zwei Portionen

- 1 dunkle Grützwurst
- 1 EL Butterschmalz

Zubereitung

Grützwurst mit einem scharfen Messer in Scheiben schneiden. Butterschmalz in einer Pfanne erhitzen. Grützwurstscheiben hineinlegen und von beiden Seiten für jeweils 3 Minuten bei mittlerer Hitze braten.

Gut zu wissen:

Grützwurst enthält sehr viel **Eisen, Zink** und **Molybdän**. Sie eignet sich daher besonders gut, um die Milchbildung zu unterstützen, nach der Geburt wieder zu Kräften zu kommen und wirkt gut gegen Allergiebereitschaft und Neurodermitis. Molybdän ist Gegenspieler zu Chrom, welches Allergiebereitschaft und Neurodermitis verstärken kann.

Wenn die Grützwurst zum Frühstück gegessen wird, eignen sich als Beilagen Spiegelei, etwas Tomate, Basilikumblättchen, ein wenig gelbe Grapefruit sowie etwas Brot. Die Tomate enthält **Kobalt**, welches die dämpfende Wirkung von Molybdän mindert.

Zum Mittagessen kann Grützwurst gut zu Reis, Graupen, Buchweizen oder zu Kartoffelbrei gegessen werden. Wenn das Kind Gneis/ Grind oder Milchschorf hat, sollte als Beilagensalat **kupferr**eicher rote Bete-Salat (s. S. 140) dazu gegessen werden.

Fenchel-Orangen-Salat

- Niacin, Zink, Vitamin E, Folsäure, Vitamin C

Zutaten für 2 kleine Portionen

- 150 g Fenchel (frisch)
- 1 Orange
- 50 g grüne Salatblätter (junger Spinat, rote Bete-Blattgrün, Feldsalat)
- 3 EL Kürbiskernöl
- 5 EL weißen (Balsamico-) Essig
- 1 EL Zucker oder Honig
- 1/8 TL Meersalz, evtl. etwas Pfeffer
- 2 EL Dill (frisch)

Zubereitung

Den Fenchel waschen und in dünne Scheiben schneiden. Die Orange schälen und das Fruchtfleisch ebenfalls in dünne Scheiben schneiden. Salatblätter waschen und trocken schleudern. Öl, Essig, Zucker (Honig), Salz und evtl. etwas Pfeffer vermengen. Dill klein hacken und hinzugeben.

Gut zu wissen:

Kürbiskernöl weist neben essentiellen Fettsäuren und **Vitamin E** auch recht gut bioverfügbares **Zink** auf, was zusammen mit Dill und Fenchel die Milchbildung unterstützt. Fenchel ist zudem reich an **Niacin**, welches die Freisetzung von Energie beim Kohlenhydratstoffwechsel ermöglicht. Es wirkt stabilisierend auf den Kreislauf. Orange hat **Vitamin C** und **Folsäure**. Folsäure benötigt die Mutter gegen die so genannte Stilldemenz und ist gut für das Denken. Vitamin C fördert die Rückbildung und verhindert Blähungen am Nachmittag bei der Mutter und beim Säugling.

Fenchel-Gemüse mit Mandel

- Niacin, kurzkettige Fettsäuren, Schwefel, Vitamin C

Zutaten für 2 Portionen

- 500 g frischer Fenchel
- 1 kleine Zwiebel
- 25 g Butter
- 2 Prisen Zucker
- 1/8 TL Meersalz
- Evtl. etwas Pfeffer
- 1/2 Zitrone, Saft oder frische Orange
- 2 EL Mandeln

Als Beilage geröstetes Brot mit Butter und evtl. Parmesankäse essen.

Zubereitung

Fenchel putzen in schmale Spalten schneiden. Zwiebel schälen und ebenfalls in kleine Spalten schneiden.
Butter in einer Pfanne erhitzen und die Fenchel- und Zwiebelspalten hinzugeben, mit wenig Zucker und Meersalz würzen. Das Gemüse für ca. 2 Minuten von allen Seiten anbraten. Deckel auf die Pfanne setzen und den Herd ausstellen. Das Gemüse noch ca. 5 bis 10 Minuten gar ziehen lassen. Es soll weiterhin etwas Biss haben. Mit frischem Zitronen- oder Orangensaft verfeinern.
Gehobelte Mandeln in einer Pfanne ohne Fett kurz etwas rösten und über das Fenchelgemüse geben.
Anschließend zusammen mit geröstetem Brot und Butter und evtl. Parmesankäse essen.

Gut zu wissen:

Fenchelgemüse regt die Milchbildung an. Durch die schonende Garmethode bleiben **kurzkettige Fettsäuren** erhalten, die wichtig nach der Geburt sind, um die Darmflora zu normalisieren. Fenchel ist zudem reich an **Niacin**, welches die Freisetzung von Energie beim Kohlenhydratstoffwechsel ermöglicht. Es wirkt stabilisierend auf den Kreislauf. Zwiebeln und Mandeln enthalten **Schwefel**, welches zusammen mit Vitamin C aus der Zitrone für die Rückbildung bzw. für die Stärkung der Bänder notwendig ist. Zudem regen Mandeln die Milchbildung an.

Weiße Bohnen-Creme

- Zink, Schwefel, essentielle Fettsäuren

Zutaten für 6 Portionen

- 250 g gegarte Bohnen
- 50 g Sesampaste oder Erdnussmus
- 4 EL Wasser, kalt
- 6 EL Zitronensaft
- 3 EL Olivenöl oder Walnussöl
- 1/2 EL Meersalz
- evtl. Pfeffer
- etwas frische Zitronenmelisse

Im Sommer mit geröstetem Weißbrot und Butter essen.

Zubereitung

Gegarte weiße Bohnen in einen Mixbecher füllen. Das Öl, das sich auf der Sesampaste bzw. auf dem Erdnussmus abgesetzt hat, gut verrühren. Dann 50 g Sesampaste bzw. Erdnussmus zusammen mit dem Wasser zu den weißen Bohnen geben und mit einem Zauberstab mixen, bis die Paste geschmeidig wird. Olivenöl oder Walnussöl und frisch gepressten Zitronensaft zufügen. Alles gut pürieren, bis ein weicher, cremiger Brei entsteht. Die Paste mit Meersalz und evtl. Pfeffer sowie Zitronenmelisse würzen.

Gut zu wissen:

Weiße Bohnen enthalten viel **Zink** und auch **Schwefel**. Zink regt die Nebenniere an, ist wichtig für das Immunsystem und wirkt positiv auf die Wundheilung. Bei der stillenden Mutter regt Zink die Milchbildung an. Hülsenfrüchte sollten aber nicht unmittelbar nach der Entbindung in größeren Mengen gegessen werden. Erst nach zwei Wochen sind Hülsenfrüchte zu empfehlen. **Schwefel** ist zusammen mit **Vitamin C** aus dem Zitronensaft wichtig für die Rückbildung.

Sofern eine Chrom-Überempfindlichkeit vorliegt, ist es sinnvoll, auf die Sesampaste zu verzichten. Stattdessen schmeckt auch Erdnussmus (häufig geeignet bei Menschen mit Neurodermitisstellen in den Ellbeugen).

Walnussöl weist hohe **Vitamin E**-Werte auf und kann bei allgemeiner Kreislaufschwäche den Kreislauf zu stark absenken, so dass die betroffene Person sich in der Nacht schlecht regenerieren kann. Olivenöl enthält u.a. Schwefel, welches den Kreislauf besser stabil hält. Bei starker Ekzembildung sollte anstelle von Öl lieber Butterfett in Form von Sahne Verwendung finden. Ein Zuviel an essentiellen pflanzlichen Fettsäuren kann einen Neurodermitisschub verursachen.

Müsli mit Nüssen, Cashewkernen und Kirschen

- Zink, Pantothensäure, Vitamin B2, Vitamin E, Tyrosin, Tryptophan

Zutaten für 1 Portion

- 4 EL Haferflocken oder Gersteflocken
- 2 EL Cornflakes
- 1/2 EL Haselnüsse
- 1/2 EL Sonnenblumenkerne
- 1 EL Bio-Cashewkerne
- 1 Prise Meersalz
- 200 ml Vollmilch
- 10 Sauerkirschen frisch oder aus dem Glas

Zubereitung

Hafer- oder Gersteflocken, Cornflakes, Haselnüsse, Sonnenblumenkerne, Cashewkerne und Meersalz in ein Schälchen geben. Milch ein wenig erwärmen und über die Flocken und Kerne gießen, kurz umrühren. Sauerkirschen entsteinen oder aus dem Glas nehmen und ebenfalls in das Schälchen geben. Lauwarm verspeisen.

Gut zu wissen:

Hafer- und Gersteflocken enthalten viel **Zink**, welche zusammen mit den Nüssen und Kernen die Milchbildung verstärken. Zudem enthalten Haferflocken auch viel **Pantothensäure**, welche für die Wärmebildung im Körper benötigt wird. Gerade am Nachmittag, wenn man vor Erschöpfung etwas fröstelt und antriebschwach ist, verhilft einem diese Zwischenmahlzeit zu warmen Händen und Füßen sowie zu neuem Schwung. Die wärmende Wirkung geht auch auf den Säugling über. Cornflakes enthalten **Tyrosin**, welches die Nebennierenfunktion stärkt. Kirschen enthalten das Spurenelement **Kobalt**, welches einerseits für die Vitamin B12-Synthese benötigt wird. Andererseits bewirkt es gute Stimmung. Zu viel **Kobalt kann Kupfer verdrängen**. Bei Kindern mit Milchschorf sollten nicht zu häufig Kirschen gegessen werden.

RÜCKBILDUNG UNTERSTÜTZEN

Für die Rückbildung benötigt der Körper Vitamin C und Schwefel, um die Bänder zu stärken.

- **Vitamin C-haltige Lebensmittel:** frische Beerenfrüchte (Himbeeren, Johannisbeeren, Blaubeeren, Brombeeren), Zitrone, Limone, gelbe Grapefruit
- **Schwefelhaltige Lebensmittel:** Zwiebel, Lauch, Kohlgewächse, Kresse, Rettich, Radieschen, Eier, Walnüsse, Haselnüsse, Oliven

Da Schwefel Gegenspieler von Kupfer ist, welches gestillte Kinder besonders benötigen, sollte der Schwefelanteil in der Nahrung nicht übertrieben werden. Ein Zuviel an Vitamin C schleust zudem Kupfer über die Nieren aus dem Körper aus.

Während der Stillzeit ist eine Kombination von schwefelhaltigen und kupferhaltigen Nahrungsmitteln zu empfehlen.

Achtung: Zu viel Schwefel kann Kopfschmerzen bei Mutter und evtl. Kind verursachen sowie entzündete Achseln und Beugefalten beim Kind. Wenn ein Kind unter Grind/ Gneis oder Milchschorf leidet, darf Schwefel nur in Maßen konsumiert werden bzw. der Kupferanteil in der mütterlichen Ernährung (grüne Erbsen und rote Bete) sollte erhöht werden.

Omelette mit Gruyère

- Schwefel, Tyrosin, Vitamin D, Kalzium, Kupfer, Vitamin C

Zutaten für 2 Portionen

- 3 Eier
- 40 ml Wasser
- 80 g Gruyère
- 1 EL Schnittlauch
- 1 EL Basilikum
- 1 EL Oregano
- 2 Prisen Meersalz
- 30 g Butter

Zum Käse-Omelette passt gut ein rote Bete-Salat (s. S. 140) als Beilage.

Zubereitung

Die Eier mit Wasser locker verquirlen. Den Käse in kleine Würfel schneiden. Kräuter säubern und klein hacken. Käse, Kräuter und Meersalz zur Eimasse geben und verrühren. Butter auf zwei Pfannen verteilen und bei mittlerer Temperatur schmelzen lassen. Die Eimasse auf die Pfannen aufteilen und von unten her kurz etwas stocken lassen. Kurz bevor alles gestockt ist mit Hilfe eines Pfannenwenders jeweils die Eierfläche einmal übereinanderschlagen, so dass je Pfanne ein Omelette entsteht.

Gut zu wissen:

Eier sowie Schnittlauch enthalten **Schwefel**, welches für die Sulfatierung der Bänder benötigt wird. Eier und Gruyère weisen zudem recht hohe **Tyrosinwerte** auf, so dass das Omelette recht anregend wirkt und die Nebennierenfunktion stärkt. Des Weiteren nimmt der Körper durch Eigelb **Vitamin D** auf, welches zusammen mit **Kalzium** aus dem Hartkäse gut für den Kalziumstoffwechsel ist.
Wenn man ein Kind mit Allergiebereitschaft oder Neurodermitis hat, sollte man etwas mit **Kupfer** als Beilage dazu essen, wie z.B. einen rote Bete-Salat (s. S. 140) oder einfach sauer eingelegte rote Bete aus dem Glas. Kupfer ist als Gegenspieler zu Schwefel notwendig, wenn das gestillte Kind Grind/ Gneis bzw. Milchschorf entwickelt hat, beides Zeichen einer Kupferunterversorgung. Bei der Mutter wirkt rote Bete für eine gute Sauerstoffverwertung und beugt Kopfschmerzen durch Überanstrengung vor. Die frischen Kräuter liefern **Folsäure** zum Denken.

Gut zu wissen:

Eier sowie Schnittlauch enthalten **Schwefel**, welches für die Rückbildung zum Stärken der Bänder wichtig ist. Eier weisen zudem recht hohe Tyrosinwerte auf, so dass das Rührei recht anregend wirkt und die Nebennierenfunktion stärkt. Des Weiteren nimmt der Körper durch Eigelb **Vitamin D** auf, welches zusammen mit Kalzium aus Parmesankäse gut für den **Kalzium**stoffwechsel ist. Kupfer aus den grünen Erbsen ist als Gegenspieler zum Schwefel notwendig, damit das gestillte Kind keinen Grind/ Gneis bzw. Milchschorf aufgrund einer **Kupfer**unterversorgung entwickelt. Bei der Mutter bewirken grüne Erbsen eine gute Sauerstoffverwertung und beugen Kopfschmerzen durch Überanstrengung vor. Die frischen Kräuter liefern **Folsäure** zum Denken.

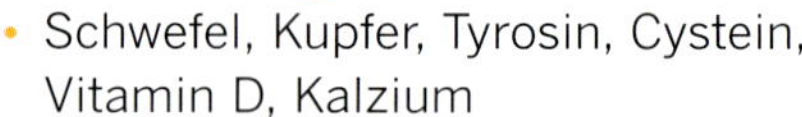

Rührei mit grünen Erbsen

- Schwefel, Kupfer, Tyrosin, Cystein, Vitamin D, Kalzium

Zutaten für 2 Portionen

- 200 g grüne Erbsen, frisch oder TK-Ware
- 3 Bio-Eier
- 40 ml Wasser
- 2 Prisen Meersalz
- 50 g Parmesankäse
- 1 EL Butterschmalz
- 1 EL Schnittlauch
- 4 Blätter Basilikum

Als Beilage eignet sich Brot mit Butter. Zur Mittagszeit lässt sich das Rührei gut mit frischen Pellkartoffeln kombinieren.

Zubereitung

Erbsen aus den Schoten lösen. Bei Tiefkühl-Erbsen entfällt diese Vorbereitung. Erbsen separat in einem Topf mit ein wenig Wasser einmal kurz aufkochen lassen, das Wasser abgießen und beiseite stellen.
Die Eier mit kaltem Wasser locker verquirlen. Parmesankäse reiben. Meersalz, vorgegarte Erbsen und geriebenen Parmesankäse zur Eimasse geben und verrühren. Butterschmalz in einer Pfanne zum Schmelzen bringen. Die Eimasse hineingeben und bei mittlerer Temperatur stocken lassen. Zwischendurch immer wieder einmal die Eimasse bewegen und wenden, damit sie nicht anbrennt.
In der Zwischenzeit Schnittlauch klein schneiden und über das fertige Rührei geben. Anschließend mit Basilikum-Blättchen garnieren.

WIEDER ZU KRÄFTEN KOMMEN

Um nach der Geburt wieder zu Kräften zu kommen und während der zum Teil sehr anstrengenden Anfangszeit, benötigt der Körper ausreichend Eisen, Tyrosin (für die Nebennierentätigkeit) sowie Tryptophan zusammen mit Vitamin A, E und Magnesium für eine gute Regeneration.

- **Eisenhaltige Lebensmittel:** Rindfleisch, Kalbfleisch, Rot-/ Schwarzwurst, rote Grützwurst, Bio-Leber
- **Tyrosinhaltige Lebensmittel:** Polenta, Eier, Rohmilchhartkäse, Maiswaffeln
- **Tryptophanhaltige Lebensmittel:** Bio-Cashewkerne, Hähnchenschenkel (Frischware), Kalbfleisch
- **Vitamin A-reiche Lebensmittel:** Leber, Leberwurst, Eigelb
- **Vitamin E-reiche Lebensmittel:** Weizenkeime, Leinöl, Weizenkeimöl, Walnussöl, Walnüsse
- **Magnesiumhaltige Lebensmittel:** Gurke, Brokkoli, Kohlrabi, dunkelgrüne Blattsalate

Rindersteak mit Polentaschnitte Brokkoli und Blumenkohl

- Eisen, Zink, tierisches Eiweiß, Vitamin B1, Tyrosin, Kupfer

Zutaten für zwei Portionen

- 300 ml Wasser
- 2 EL Butter
- 60 g Maisgrieß (Polenta, mittel fein)
- 2 Prisen Meersalz
- 30 g Parmesankäse, gerieben
- 2 EL Butterschmalz
- 300-400 g Rindersteak, (2 x 150 -200 g Filet oder Roastbeef)
- 2 kurze Rosmarinzweige
- 4 EL Sahne
- 2 Prisen Meersalz
- 1 TL frischen Thymian
- 1 EL Edelhefe (z.B. von Dr. Ritter)
- 1 EL Butter
- 150 g Brokkoli
- 150 g Blumenkohl
- 1 Prise Meersalz

Zubereitung

Wasser in einem hohen Topf zum Kochen bringen. Salz und Butter hineingeben. Wenn die Butter geschmolzen ist, zügig unter Rühren den Maisgrieß einrieseln lassen. Deckel auflegen und noch eine Minute weiter Hitze zuführen. Dann vom Herd nehmen. Geriebenen Parmesankäse hineingeben und kurz umrühren. Bei geschlossenem Deckel für ca. 10 Minuten weiter ausquellen lassen.

Anschließend den Brei auf einer flachen Unterlage (Küchenbrett) in einer Dicke von ca. 1,5 cm ausstreichen und erkalten lassen.

In der Zwischenzeit in einer Pfanne Butterschmalz erhitzen und die Rindersteaks von beiden Seiten für ca. 1 bis 2 Minuten stark anbraten lassen. Rosmarinzweig mit in die Pfanne legen. Pfannendeckel aufsetzen und vom Herd nehmen. Je nach Dicke des Fleisches noch ca. 5 bis 10 Minuten bei geschlossenem Deckel gar ziehen lassen.

Anschließend Druckprobe machen. Das Fleisch muss beim Draufdrücken in der Mitte noch etwas nachgeben, sollte aber nicht weich sein. Dann ist „medium" erreicht. Falls es einem noch zu roh sein sollte, kann es ohne nennenswerte Verluste erneut erhitzt werden bis es innen rosa gefärbt ist. Fertige Steaks auf die Teller geben. Den Bratensud mit etwas Sahne aufgießen und mit Meersalz und Thymian abschmecken. Pfanne noch einmal auf den Herd geben und etwas einreduzieren lassen. Am Ende Edelhefe untermengen und gleich auf den Teller geben. Die Soße darf nun nicht mehr weiter erhitzt werden.

Während das Fleisch brät, werden die Polentaschnitten gebraten. Hierzu Butter in einer zweiten Pfanne schmelzen lassen. Erkaltete Polenta in Stücke schneiden und von beiden Seiten in der Pfanne knusprig anbraten. Zum Wenden unbedingt einen Pfannenwender verwenden, da die Polentaschnitten sonst auseinanderbrechen.

Zwischenzeitlich den Brokkoli und Blumenkohl waschen, abtropfen lassen und in mundgerechte Stückchen teilen. Butter in einen flachen Topf oder in einer Pfanne erhitzen.

Gemüse und Salz hineingeben und für eine Minute unter Wenden anbraten. Danach mit Deckel verschließen und vom Herd nehmen. Für ca. 8 bis 10 Minuten weitergaren lassen. Das Gemüse soll noch Biss haben.

Polentaschnitten und Gemüse auf den Tellern zusammen mit den Steaks und der Soße anrichten.

Gut zu wissen:

Rindersteak enthält viel **Eisen** und **Zink**, was stillende Frauen viel benötigen. Polentaschnitten enthalten viel **Tyrosin**, eine Aminosäure, die die Nebennierenfunktion stärkt und leistungsfähig macht. Zusammen mit dem **Kalzium** aus Parmesankäse und den Röstaromen durch das Anbraten wirken diese Polentaschnitten besonders anregend. Damit das Kind nicht durch das Tyrosin wunde Beugefalten bekommt, ist **kupfer**reicher Brokkoli in Kombination empfehlenswert. Zudem enthält frischer Brokkoli (keine Tiefkühlware verwenden!) **Folsäure**, die das Denken erleichtert. Blumenkohl enthält **Zink**, welches gut für die Milchbildung ist.

Geflügellebersalat

- Vitamin A, Eisen, Niacin, Vitamin B6, Folsäure

Zutaten für 2 Personen

- 200 g Bio-Geflügelleber
- 2 EL Butter
- 3 EL dunkle Balsamicocreme
- 2 Prisen Meersalz
- Evtl. etwas Tabasco
- 100 g grüne Blattsalate (Frisée, Eichblattsalat, Feldsalat, Spinatsalat)
- 2 El süße Sahne
- 1/2 EL scharfen Senf
- 1/2 TL Zucker
- 1 EL Sonnenblumenöl
- 2 Prisen Meersalz
- 1/2 Zitrone, Saft
- Ein paar rote Johannisbeeren

Als Beilage z.B. geröstetes Brot essen.

Zubereitung

Geflügelleber parieren und in mundgerechte Stückchen teilen. Butter in einer Pfanne erhitzen und Leberstückchen von allen Seiten kurz anbraten. Balsamicocreme, Salz und Tabasco hinzugeben und Leberstückchen darin kurz wenden. Pfanne mit Deckel verschließen und vom Herd nehmen. Bei geschlossenem Deckel die Leber gar ziehen lassen für ca. 10 Minuten.

In der Zwischenzeit Blattsalate waschen und trocken schleudern. Aus Sahne, Senf, Zucker, Öl, Salz und Zitronensaft eine Salatsoße fertigen. Kurz vor dem Anrichten die Salatblätter in der Soße wenden und auf den Tellern verteilen. Leberstückchen ebenfalls zum Salat geben und mit ein paar roten Johannisbeeren garnieren.

Gut zu wissen:

Leber enthält sehr viel **Vitamin A, Eisen, Niacin, Vitamin B6 und Folsäure**. Eine stillende Mutter sollte ab und zu ein wenig Leber zu sich nehmen, damit sie den Vitamin A-Spiegel in der Muttermilch decken kann. Zusammen mit Zitronensaft und roten Johannisbeeren (**Vitamin C**) wird Eisen besonders gut verwertbar. Gerade nach der Geburt benötigt die Mutter reichlich Eisen, um sich schnell zu erholen.

Leber ist auch reich an **Niacin**, welches die Freisetzung von Energie beim Kohlenhydratstoffwechsel ermöglicht. Es wirkt stabilisierend auf den Kreislauf.

In grünen Blattsalaten ist viel **Folsäure** enthalten, die gut zum Denken ist und gegen die so genannte Stilldemenz wirkt.

Hähnchenschenkel mit Ruccola

- Tryptophan, Folsäure, Magnesium, Kobalt

Zutaten für 2 Portionen

- 2 Hähnchenschenkel (Frischware)
- 2 EL Butterschmalz
- 1/2 TL Meersalz
- Etwas Rosmarin
- 100 g Ruccola
- 6 Cherrytomaten
- 2 EL Walnussöl (oder Olivenöl)
- 2 Prisen Meersalz
- 1/2 Zitrone, Saft
- 2 EL dunkle Balsamicocreme

Als Beilage schmecken geröstetes Brot, gebutterter Reis, Hirse oder auch Kartoffeln.

Zubereitung

Butterschmalz in einer Pfanne erhitzen. Hähnchenschenkel von allen Seiten ca. 3 Minuten anbraten. Mit Meersalz würzen und jeweils einen Rosmarinzweig unter jeden Schenkel legen. Mit einem Deckel verschließen und bei niedriger Temperatur die Hähnchenschenkel für weitere 30 bis 35 Minuten garen. Möglich ist auch, die Hähnchenschenkeln samt hitzebeständiger Pfanne (ohne Deckel) in den 180°C heißen Backofen zu stellen für ca. 30 bis 35 Minuten. Fertig gegart sind sie, wenn sich an der dünnen Schenkelseite die Haut vom Knochen löst.
In der Zwischenzeit Ruccola und Cherrytomaten waschen und abtropfen lassen. Cherrytomaten halbieren. Öl, Meersalz, Zitronensaft und Balsamicocreme zu einer Salatsoße verarbeiten. Den Salat mit der Soße beträufeln und zusammen mit den fertig gegarten Hähnchenschenkeln auf Tellern anrichten.

Gut zu wissen:

Hähnchenschenkel haben viel **Tryptophan**, eine Aminosäure, die wir zusammen mit **Vitamin E** aus Öl und **Magnesium** aus Ruccola zur Regeneration benötigen. **Vitamin C** aus Zitrone regt den Magen an und unterstütz die **Eisen**aufnahme aus Hähnchenschenkelfleisch. Frischer Ruccola enthält viel **Folsäure** gegen die so genannte Stilldemenz.

Gut zu wissen:

Polenta enthält viel **Tyrosin**, eine Aminosäure, die die Nebennierenfunktion stärkt und leistungsfähig macht. Zusammen mit Kalzium aus Parmesankäse und den Röstaromen durch das Braten in Butterschmalz wirken diese Polenta-Pfannkuchen besonders anregend. Damit das Kind nicht von zu viel Tyrosin wunde Beugefalten bekommt, sind kupferreiche Erbsen mit im Teig. Mit den Kräutern nehmen wir zusätzlich noch ein wenig **Folsäure** auf, die das Denken erleichtert, sowie ein wenig **Vitamin C** für die Verdauung.

Polenta-Pfannkuchen mit grünen Erbsen

- Tyrosin, Kalzium, Kupfer, Folsäure

Zutaten für drei bis vier Portionen

- 200 ml Wasser
- 2 Prisen Meersalz
- 60 g Polenta (Maisgrieß, mittel fein)
- 300 ml Milch
- 3 Eier
- 200 g Mehl (Weizen oder Dinkel)
- 60 g Parmesankäse, gerieben
- 150 g Erbsen (TK-Ware oder frisch)
- Frische Kräuter (Thymian, Estragon, Basilikum, Schnittlauch...)
- 4 EL Butterschmalz

Zubereitung

Wasser in einem hohen Topf zum Kochen bringen. Salz hineingeben und zügig unter Rühren den Maisgrieß einrieseln lassen. Deckel auflegen und noch eine Minute weiter Hitze zuführen, dann vom Herd nehmen. Bei geschlossenem Deckel für ca. 10 Minuten weiter ausquellen lassen.

In der Zwischenzeit Milch, Eier, Mehl, Parmesankäse zu einem Teig verrühren. Erbsen aus den Hülsen lösen. Sofern Tiefkühl-Erbsen verwendet werden, diese kurz in heißes Wasser geben, damit sie nicht mehr gefroren sind. Danach gut abtropfen lassen.

Kräuter säubern und etwas klein hacken. Anschließend Kräuter zusammen mit der etwas abgekühlten Polenta in den Teig geben und alles noch einmal gut vermengen. Zu allerletzt werden noch die Erbsen in den Teig gegeben und mit einem Löffel untergehoben.

Butterschmalz in einer Pfanne erhitzen und aus kleinen Teigportionen Pfannkuchen backen, zwischendurch jeweils einmal wenden.

Waffeln mit Haferflocken

- Tyrosin, Zink, Pantothensäure

Zutaten für 10 bis 15 Waffeln

- 6 Eier
- 3 Prisen Meersalz
- 1/2 l Vollmilch
- 250 g Haferflocken
- 200 g Mehl (550) oder Vollkornmehl (Dinkel oder Weizen)
- 2 Päckchen echten Vanillezucker
- 1 Prise Zimt

Haferwaffeln lassen sich gut zusammen mit Kirschgrütze (s. S. 128) essen.

Zubereitung

Alle Zutaten nacheinander zu einem sämigen Teig zusammenrühren und für mindestens eine halbe Stunde quellen lassen. Den fertigen Teig in einem Waffeleisen zu goldgelben Waffeln ausbacken lassen. Sie sollten nicht zu dunkel und am besten noch warm gegessen werden.
Der rohe Teig kann für ein paar Tage im Kühlschrank aufbewahrt werden. Je vollwertiger das verwendete Mehl ist, um so schneller verdirbt der Teig jedoch.

Gut zu wissen:

Eier enthalten viel **Tyrosin**, eine Aminosäure, aus der Adrenalin gebildet wird. Tyrosin verbessert die Nebennierenfunktion, so dass man mit Stress bzw. starker Belastung besser umgehen kann. Aus Haferflocken erhalten wir **Zink**, welches bei der Wundheilung dienlich ist und zur Milchbildung benötig wird. Haferflocken enthalten auch **Pantothensäure**, die den Wärmehaushalt reguliert und kalte Hände und Füße warm werden lässt.

NACKENVERSPANNUNGEN ENTGEGEN WIRKEN UND BERÜHRUNGEN ZULASSEN

Die Anfangszeit hat es besonders in sich. Viele Mütter reagieren mit Nackenverspannungen und sind überempfindlich gegenüber von Berührungen. Ernährerisch kann sich die Mutter ein wenig „Unterstützung" holen:

Verspannungen im Nackenbereich, die evtl. sogar zu vergleichenden Schmerzen wie beim Karpaltunnel-Syndrom (s. S. 28) führen können, sind mit Vitamin B6-reicher Ernährungsweise zu mindern. Vitamin B6 geht gut in die Muttermilch über und kann auch mögliche Verspannungen beim Säugling reduzieren. Besteht beim Kind eine Kopfgelenksdysfunktion (s. S. 38), ist eine Vitamin B6-reiche Ernährung über eine längere Zeit notwendig. Ebenso ist auf ausreichend Kalzium zu achten. Körpereigene Kalzium-Reserven der Mutter sind meist ab dem vollendeten fünften Monat deutlich reduziert. Durch eine unbequeme Lage beim Stillen im Liegen auf der Seite kann es schnell einmal passieren, dass man seinen Kopf ungünstig abstützt und man sich „verzieht". Mit Kalzium (Rohmilchhartkäse) und einer Vitamin D-reichen Ernährung zum Einbau von Kalzium kann man den Verspannungen im oberen Nacken entgegen wirken.

- **Vitamin B6-reiche Lebensmittel:**
  braune Linsen, Kidneybohnen, Kichererbsen, Vollkornprodukte
- **Kalzium-reiche Lebensmittel:**
  Hartkäse: Parmesan, Gruyère, Appenzeller,
- **Vitamin D-reiche Lebensmittel:**
  Butter, Schmalz, Eigelb, Bio-Speck, fetter Tiefseefisch

Dem Gefühl, **es nicht mehr ertragen zu können, wenn das Kind an der Brust saugt**, kann ebenfalls mit Hülsenfrüchten entgegengewirkt werden. Hülsenfrüchte enthalten neben Vitamin B6 auch viel Mangan und Molybdän. Beide Spurenelemente haben beruhigende Wirkung.

Wenn die Berührungsempfindlichkeit schlimmer wird, liegt häufig eine Lysin-Überversorgung, eine Jod-Überversorgung oder eine Mangan-Unterversorgung vor. Zu einer Lysin-Überversorgung kann es kommen, wenn viel Fisch konsumiert wurde. Durch Meeresfisch kann auch viel Jod aufgenommen worden sein. Gegenspieler von Lysin ist die Aminosäure Arginin aus Hülsenfrüchten. Die Wirkung von Jod kann reduziert werden durch Fluor aus lang gezogenem schwarzen Tee (s. S. 88).

- **Mangan-reiche Lebensmittel:**
  braune Linsen, gelbe Erbsen, Kichererbsen, Kakao, Rotkohl, Blaubeeren oder Buchweizen

Rezepte mit Hülsenfrüchten sowie mit manganreichen Lebensmitteln sind zusätzlich ab S. 133 beschrieben – bei den Rezepten gegen Allergiebereitschaft und Neurodermitis.

Kurz gegarte Linsen (nach Tönnies)

- Vitamin B6, Pantothensäure, Mangan

Zutaten für 2 bis 3 Portionen

- 100 g Paradina-Linsen oder Tellerlinsen
- 250 ml Wasser
- 2 Prisen Meersalz
- 40 g Butter

Evtl. mit frischen Kräutern würzen: Basilikum, Oregano, Thymian

Kurz gegarte Linsen können besonders gut als Ergänzung zum Frühstück gegessen werden. Zusätzlich können gut Bacon, Rührei sowie etwas Brot, Basilikum und ein wenig Zitronensaft oder Beerenfrüchte kombiniert werden.

Zubereitung

Linsen kurz in einem Sieb unter fließendem Wasser abspülen und anschließend in einen kleinen Topf geben. Mit Wasser bedecken und über Nacht (mindestens 4 Stunden) quellen lassen. Am nächsten Morgen das Salz zu den Linsen geben und die Linsen zusammen mit dem Einweichwasser einmal aufkochen lassen. Anschließend für 4 bis 5 Minuten bei geringer Hitzezufuhr weitergaren. Butter untermengen und mit Kräutern abschmecken.

Gut zu wissen:

Übrig gebliebene gegarten Linsen lassen sich im Kühlschrank in einem verschlossenen Gefäß mehrere Tage frisch halten. Sie sollten jedoch nicht erneut gekocht werden, da sie sonst Blähungen (bei der Mutter) verursachen können. Ein paar Löffel gegarte Linsen eignen sich besonders gut als Snack zwischendurch, wenn es einem die Zeit nicht erlaubt, sich eine vollständige Mahlzeit zuzubereiten.

Linsen am Morgen halten den Blutzuckerspiegel für eine längere Zeit konstant, so dass es weniger zu einem Leistungsabfall durch Unterzuckerung kommen kann. Linsen weisen hohe **Mangan- und Vitamin B6**-Werte auf. Mangan und Vitamin B6 wirken beruhigend auf den Säugling. Vitamin B6 löst zudem Spannungen im Nackenbereich bei Mutter und Kind. Bei akuten Herpes- und Streptokokken-Infektionen sollten Linsen und andere Hülsenfrüchte sowie auch Haselnüsse allerdings gemieden werden.

Blaubeergrütze

- Mangan, Vitamin C

Zutaten für 3 bis 4 Portionen

- 500 g Blaubeeren, TK-Ware möglich
- 125 g Zucker
- 1 Päckchen echten Vanillezucker
- 40 g Speisestärke
- 1 Prise Meersalz
- 1 Zitrone (Saft, frisch gepresst)

Nach Belieben mit aufgeschlagener Sahne essen.

Zubereitung

Blaubeeren zusammen mit Zucker und evtl. ein wenig Wasser in einem Kochtopf kurz aufkochen lassen. Dabei immer wieder umrühren. Vanillezucker und Meersalz hinzugeben. Speisestärke mit ein wenig Wasser glatt rühren und unter die Blaubeeren geben. Noch einmal kurz aufkochen lassen. Die Zitrone auspressen und den Saft unterrühren. In Schälchen geben und auskühlen lassen.

Gut zu wissen:

Aus Blaubeeren kann unser Körper mit **Mangan** versorgt werden, so dass bei starker Berührungsempfindlichkeit, die die Mutter evtl. beim Stillen empfindet, etwas Abhilfe verschafft werden kann. Bei Kindern mit Neurodermitis wirken Blaubeeren beruhigend auf die Haut. Mangan geht (wahrscheinlich) in die Muttermilch über. Bei Verwendung von Tiefkühl-Blaubeeren ist der **Vitamin C**-Gehalt deutlich niedriger als bei frisch verzehrten Blaubeeren. Auch durch das Kochen wird der Vitamin C-Gehalt deutlich gesenkt. Als Ergänzung wird Vitamin C aus Zitronensaft hinzugefügt, welcher dann nicht mehr gekocht werden darf.

Brombeergrütze

- Mangan, Vitamin C

Zutaten für 3 bis 4 Portionen

- 500 g Brombeeren, TK-Ware möglich
- 125 g Zucker
- 1 Päckchen echten Vanillezucker
- 40 g Speisestärke
- 1 Prise Meersalz
- 1 Zitrone

Nach Belieben mit aufgeschlagener Sahne essen.

Zubereitung

Brombeeren zusammen mit dem Zucker und evtl. ein wenig Wasser in einem Kochtopf aufkochen. Dabei immer wieder umrühren. Vanillezucker und Salz hinzugeben. Speisestärke mit ein wenig Wasser glatt rühren und unter die Brombeeren geben. Noch einmal kurz aufkochen lassen. Die Zitrone auspressen und den Saft unterrühren. In Schälchen geben und auskühlen lassen.

Gut zu wissen:

Aus Brombeeren kann unser Körper mit **Mangan** und **Molybdän** versorgt werden, so dass bei starker Berührungsempfindlichkeit, die die Mutter evtl. beim Stillen empfindet, etwas Abhilfe verschafft werden kann. Bei Kindern mit Neurodermitis wirken Brombeeren beruhigend auf die Haut. Mangan und Molybdän gehen (wahrscheinlich) in die Muttermilch über. Bei Verwendung von Tiefkühl-Brombeeren ist der **Vitamin C**-Gehalt deutlich niedriger als bei frisch verzehrten Brombeeren. Auch durch das Kochen wird der Vitamin C-Gehalt deutlich gesenkt. Als Ergänzung wird Vitamin C aus Zitronensaft hinzugefügt, welcher dann nicht mehr gekocht werden darf.

Kichererbsenaufstrich

- Vitamin B6, Mangan, Schwefel

Zutaten für 8 kleine Portionen

- 250 g gegarte Kichererbsen
- 50 g Sesampaste oder Erdnussmus
- 4 EL Wasser, kalt
- 6 EL Zitronensaft
- 3 EL Olivenöl oder Walnussöl
- 2 Prisen Meersalz
- evtl. Pfeffer
- Paprikapulver,
- Petersilie

Im Sommer mit geröstetem Weißbrot und Butter essen.

Zubereitung

Kichererbsen in einen Mixbecher füllen. Das Öl, das sich auf der Sesampaste oder auf dem Erdnussmus abgesetzt hat, gut verrühren. Dann Sesampaste oder Erdnussmus zusammen mit dem Wasser zu den Kichererbsen geben und mit einem Zauberstab mixen, bis die Paste geschmeidig wird. Olivenöl oder Walnussöl und frisch gepressten Zitronensaft untermengen. Die Paste mit Meersalz und evtl. Pfeffer, Paprikapulver, Petersilie würzen.

Gut zu wissen:

Kichererbsen enthalten viel **Mangan** und **Vitamin B6** sowie auch **Schwefel. Mangan** zusammen mit Vitamin B6 löst Verspannungen und verringert Berührungsempfindlichkeiten. Hülsenfrüchte sollten nicht unmittelbar nach der Entbindung in größeren Mengen gegessen werden. Erst nach zwei Wochen sind Hülsenfrüchte zu empfehlen. Schwefel ist zusammen mit **Vitamin C** aus dem Zitronensaft wichtig für die Rückbildung.
Sofern eine **Chrom-Überempfindlichkeit** vorliegt, ist es sinnvoll, auf Sesampaste gänzlich zu verzichten. Stattdessen schmeckt auch Erdnussmus (häufig geeignet bei Menschen mit Neurodermitisstellen in den Ellbeugen). Walnussöl weist hohe **Vitamin E**-Werte auf und kann bei allgemeiner Kreislaufschwäche den Kreislauf zu stark absenken, so dass die betroffene Person sich in der Nacht schlecht regenerieren kann. Olivenöl enthält u.a. Schwefel, welches den Kreislauf besser stabil hält. Bei starker Ekzembildung sollte anstelle von Öl lieber Butterfett in Form von Sahne Verwendung finden. Ein „Zuviel" an essentiellen pflanzlichen Fettsäuren kann einen Neurodermitisschub verursachen.

GERICHTE, DIE DIE LAUNE VERBESSERN – GEGEN DEN BLUES

Manchmal kann es vorkommen, dass man als frisch gebackene Mutter nicht so richtig fröhlich sein kann.

Lustlosigkeit, Passivität gepaart mit Erschöpfung machen sich breit. In diesen Fällen kann Kobalt (Spurenelement) und Vitamin B5 (Pantothensäure) helfen, bessere Laune zu bekommen und wieder zugänglicher zu werden.

- **Kobalt-haltige Lebensmittel:**
  Sauerkirschen (Frucht und Saft), dunkle Trauben (Frucht und Saft) und Leber. Tomaten und grüne Bohnen weisen ebenfalls eine gute Verwertbarkeit von Kobalt auf, jedoch reagieren darauf einige Säuglinge mit einem wunden Po.
- **Pantothensäure-haltige Lebensmittel (Vitamin B5):**
  frisches Popcorn, Haferflocken, Linsen (nicht gesäuert)

Falls dieser Zustand über längere Zeit andauert und auch nicht mit Sauerkirschen und frischem Popcorn zu verändern ist, sollten Sie Ihre Hebamme oder Frauenärztin bzw. Ihren Frauenarzt ansprechen. Insbesondere, wenn Sie das Gefühl haben, dass Sie sich nicht um Ihr Kind kümmern können, ist Hilfe von außen notwendig. Möglicherweise leiden Sie unter einer postnatalen Depression, die zu behandeln ist (s. S. 153, Schatten und Licht e.V.).

Kirschgrütze

- Kobalt, Vitamin C,

Zutaten für 4 bis 6 Portionen

- 500 g Sauerkirschen, TK-Ware möglich
- 125 g Zucker
- 1 Päckchen echten Vanillezucker
- 40 g Speisestärke
- 1 Prise Meersalz
- 1 Zitrone, Saft

Zubereitung

Sauerkirschen entsteinen und zusammen mit dem Zucker in einem Kochtopf aufkochen. Dabei immer wieder umrühren. Wenn Tiefkühlware verwendet wird, fällt das entsteinen meist weg. Vanillezucker und Meersalz hinzugeben. Speisestärke mit ein wenig Wasser glatt rühren und unter die heißen Kirschen geben. Noch einmal kurz aufkochen lassen. Die Zitrone auspressen und den Saft unterrühren. Nicht noch einmal aufkochen lassen. In Schälchen geben und auskühlen lassen.
Nach Belieben mit geschlagener Sahne essen oder als Zwischenmahlzeit zusammen mit Haferflocken die in lauwarmer Milch mit einer Miniprise Meersalz eingeweicht werden.

Gut zu wissen:

Sauerkirschen enthalten viel **Kobalt**, welches die Stimmung aufhellen kann. Kobalt benötigen wir auch zur Synthese von **Vitamin B12**. Kirschen enthalten viel Kalium, so dass **Natrium** aus Meersalz hinzugefügt werden sollte, damit das Kind kein Bauchkneifen durch Kalium-Überschuss erhält.

Haferflocken mit Kirschgrütze nach Tönnies

- Pantothensäure, Kobalt, Kalium, Natrium

Zutaten für eine Portion

- 4 EL frische Haferflocken
- 6 EL lauwarme Milch
- 1 Prise Meersalz
- 2 EL Kirschgrütze (oder Sauerkirschen aus dem Glas)

Zubereitung

Haferflocken zusammen mit Salz in eine Dessertschüssel geben. Milch kurz erwärmen, über die Haferflocken geben und umrühren. Kirschgrütze oder eingelegte Sauerkirschen aus dem Glas hinzufügen.

Gut zu wissen:

Sauerkirschen enthalten viel **Kobalt**, welches die Stimmung aufhellen kann. Zusammen mit pantothensäurehaltigen Haferflocken kann diese Zwischenmalzeit einem besonders am Nachmittag gut über die Runden helfen. **Pantothensäure** wirkt zudem gut gegen kalte Finger und Füße bei Mutter und Kind. Milch und Kirschen enthalten viel **Kalium**, so dass **Natrium** aus Meersalz hinzugefügt werden sollte, damit das Kind kein Bauchkneifen durch Kalium-Überschuss erhält.

Popcorn

- Pantothensäure

Zutaten für eine Portion

- 100 g Popcornmais
- 2 EL Butterschmalz oder Sonnenblumenöl
- 1/8 TL feines Meersalz

Zubereitung

Butterschmalz oder Öl in einem großen Topf erhitzen. Popcornmais hineingeben. Topf mit einem Deckel verschließen. Bei mittelstarker Hitzezufuhr den Mais aufspringen lassen. Deckel zwischendurch nicht öffnen. Wenn die Pop-Geräusche nachlassen, Topf vom Herd nehmen und noch ein wenig warten, bis alles still geworden ist. Fertiges Popcorn mit feinem Meersalz salzen und in eine Schüssel geben. Sofort verspeisen.

Gut zu wissen:

Frisches Popcorn enthält viel **Pantothensäure**, welche die Wärmeregulierung im Körper stärkt. Gerade zusammen mit ein wenig **Natrium** aus Meersalz werden kalte Hände und Füße durch Popcorn schnell wieder warm – bei der Mutter und auch beim Säugling. Popcorn sollte nicht aufbewahrt werden, da Pantothensäurc „flüchtig" ist.

Kirschsaft mit etwas Zitrone

- Kobalt, Vitamin C, Kalium, Natrium

Zutaten für 1 Portion

- 200 ml Kirschsaft bzw. Nektar
- 1/4 Zitrone, Saft
- 1 Prise Meersalz oder Salzstange dazu essen

Zubereitung

Die Zitrone auspressen und den Saft zusammen mit dem Kirschnektar und einer kleinen Prise Meersalz mischen. Wenn man das Meersalz nicht in das Getränk geben möchte, kann man auch eine Salzstange dazu knabbern.

Gut zu wissen:

Kirschen enthalten **Kobalt**, welches gut gegen Passivität, schlechte Laune und Antriebslosigkeit wirkt. **Vitamin C** aus der Zitrone bringt etwas Frische. Obstsaft enthält viel **Kalium**, daher sollte er immer mit etwas **Natrium** aus Salz kombiniert werden, damit der mütterliche Obstsaftkonsum beim Säugling nicht zu Blähungen führt.

Roter Trauben-Salat mit Feldsalat

- Kobalt, Folsäure, Vitamin C, Vitamin E, Kupfer, Vitamin B2

Zutaten für 2 kleine Portionen

- 70 g dunkelrote Weintrauben, kernlos
- 60 g Feldsalat
- 1 kleine Kugel rote Bete, vorgegart
- 1/2 Zitrone, Saft
- 3 EL Olivenöl
- 1-2 EL Balsamico-Creme, dunkel
- Meersalz
- 20 g Kürbiskerne

Als Beilage passt gut geröstetes Weißbrot mit Blauschimmelkäse.

Zubereitung

Dunkelrote Weintrauben halbieren und falls Kerne enthalten sein sollten, diese entfernen. Den Feldsalat waschen und abtropfen lassen. Welke und helle Blätter entfernen. Rote Bete in kleine Würfelchen schneiden. Feldsalat, Weintrauben und rote Betestückchen in eine Salatschüssel geben. Zitronensaft, Öl, Balsamico-Creme und Meersalz zu einer Salatsoße vermengen und über den Salat geben. Anschließend noch die Kürbiskerne über den Salat streuen.

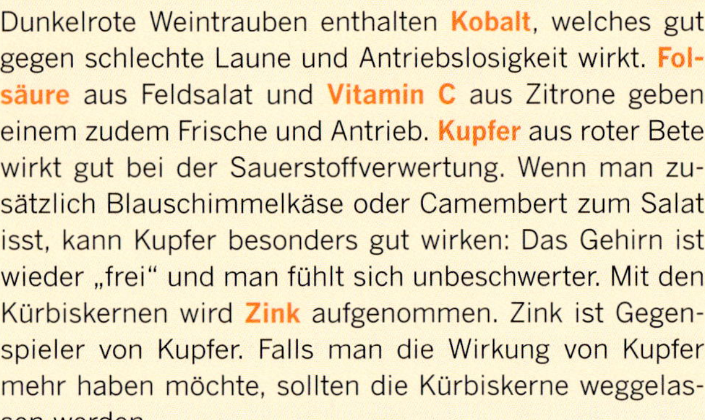

Gut zu wissen:

Dunkelrote Weintrauben enthalten **Kobalt**, welches gut gegen schlechte Laune und Antriebslosigkeit wirkt. **Folsäure** aus Feldsalat und **Vitamin C** aus Zitrone geben einem zudem Frische und Antrieb. **Kupfer** aus roter Bete wirkt gut bei der Sauerstoffverwertung. Wenn man zusätzlich Blauschimmelkäse oder Camembert zum Salat isst, kann Kupfer besonders gut wirken: Das Gehirn ist wieder „frei" und man fühlt sich unbeschwerter. Mit den Kürbiskernen wird **Zink** aufgenommen. Zink ist Gegenspieler von Kupfer. Falls man die Wirkung von Kupfer mehr haben möchte, sollten die Kürbiskerne weggelassen werden.

Roter Traubensaft mit etwas Zitrone

- Kobalt, Vitamin C, Kalium, Natrium

Zutaten für 1 Portion

- 200 ml roter Traubensaft
- 1/4 Zitrone, Saft
- 1 Prise Meersalz oder Salzstange dazu essen

Zubereitung

Die Zitrone auspressen und ein wenig Saft zusammen mit dem Traubensaft und einer kleinen Prise Meersalz mischen. Wenn man das Meersalz nicht in das Getränk geben möchte, kann man auch eine Salzstange dazu knabbern.

Gut zu wissen:

RoteTrauben enthalten Kobalt, welches gut gegen Passivität, schlechte Laune und Antriebslosigkeit wirkt. Vitamin C aus der Zitrone bringt etwas Frische. Obstsaft enthält viel Kalium, daher sollte er immer mit etwas Natrium aus Salz kombiniert werden, damit der mütterliche Obstsaftkonsum beim Säugling nicht zu Blähungen und Fließschnupfen führt.

Tomatensalat

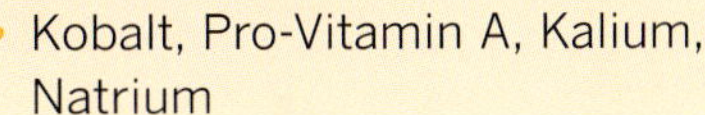

- Kobalt, Pro-Vitamin A, Kalium, Natrium

Zutaten für 2 Portionen

- 250 g Cherrytomaten
- 3 EL weißen Balsamico/ Essig
- 3 EL Olivenöl
- 1/8 TL Meersalz
- Frische Kräuter, wie z.B. Thymian, Basilikum oder ein wenig frischen Oregano

Evtl. geröstetes Brot mit Butter und Hartkäse dazu essen.

Zubereitung

Cherrytomaten waschen, halbieren und in eine Salatschüssel geben. Balsamico-Essig, Öl und Meersalz zusammenrühren und über die Tomatenhälften geben. Anschließend mit frischen Kräutern würzen und dekorieren.

Gut zu wissen:

Tomaten enthalten **Kobalt**, welches gut gegen Passivität, schlechte Laune und Antriebslosigkeit wirkt. Frische Kräuter, wie z.B. Basilikumblätter enthalten **Folsäure**, die die Gedanken wieder frei macht und das Denken erleichtert. Gemüse enthält viel **Kalium**, daher sollte er immer mit etwas **Natrium** aus Salz kombiniert werden, damit der mütterliche Gemüsekonsum beim Säugling nicht zu Blähungen führt.

Achtung: Einige Säuglinge reagieren auf Tomaten mit wundem Po.

GERICHTE FÜR DIE STILLENDE MUTTER, WENN DAS KIND NEURODERMITIS ODER ALLERGIEBEREITSCHAFT AUFWEIST

Muttermilch ist bei Kindern mit Neurodermitis und Allergieprävention meist die beste Ernährungsmöglichkeit. Zu beachten ist jedoch, dass man **chromreiche Lebensmittel** (s. S. 76) **möglichst weitestgehend meidet** und stattdessen möglichst häufig molybdän – und manganreiche Lebensmittel als Gegenspieler zu Chrom zu sich nimmt.

Chrom, Mangan und Molybdän gehen in die Muttermilch über. Zu beobachten ist bei vollgestillten Kindern, deren Mütter sich manganreich ernähren, dass sie friedlich wirken. Da Mangan und Molybdän aber auch dämpfende Wirkung auf den mütterlichen Kreislauf und auf die Stimmung haben können, sollte man zwischendurch immer wieder einmal Kirschen und rote Trauben zu sich nehmen, um nicht zu lethargisch zu werden (s. S. 127, Rezepte gegen den Blues).

Fetter Tiefseefisch ist ebenfalls ein bis zweimal pro Woche zu empfehlen, da er Omega-3-Fettsäuren enthält, die dafür sorgen, dass das Immunsystem nicht auf alltägliche Nahrungsmittel und Umweltreize mit Allergie oder Hautekzem (über-)reagiert.

Wenn das Kind auf **Kuhmilch** empfindlich reagiert, muss darauf geachtet werden, dass mehr Lysin in der Nahrung enthalten ist. Durch den Pasteurisierungsprozess der Milch oder auch durch Tiefkühlung geht Lysin verloren, da sie weder hitze- nach kältestabil ist. Eingefrorene Muttermilch oder auch Muttermilch, die im Kühlschrank gelagert wurde und dann auf dem Herd oder im Mikrowellenherd erhitzt wird, kann auf diese Art und Weise unbekömmlich werden.

Tönnies konnte beobachten, dass Neurodermitis stärker wird, wenn die betroffene Person zu häufig gute Öle mit pflanzlichen essentiellen Fettsäuren zu sich genommen hat. Daher empfiehlt es sich, **gute Salatöle nur in Maßen zu konsumieren und sattdessen häufiger Butterfett zu verwenden.**

- **Manganreiche Lebensmittel:**
  Rotkohl, Aubergine (nur gegart verzehren), gelbe Erbsen, Vollkornreis, Kichererbsen, Brombeere, Blaubeeren, Preiselbeeren, Schaffleisch, Kakao
- **Molybdänreiche Lebensmittel:**
  Rotkohl, Aubergine (gegart), gelbe Erbsen, Buchweizen, Datteln, Leber, Rot-/ Schwarzwurst, rote Grützwurst
- **Nahrungsmittel mit Omega-3-Fettsäuren:**
  Hering, Makrele, Sardinen, Zuchtlachs (aber Vorsicht, Lachs, insbesondere dunkler Wildlachs, enthält viel Chrom!)
- **Lysin-reiche Nahrungsmittel:**
  Buttermilch (natur), geräucherte Forelle, Hering, Kabeljau (Dorsch), Makrele, Ölsardinen

Heringssalat mit roter Bete

- Lysin, Cystein, Vitamin D, Jod, Kupfer

Zutaten für 6 Portionen

- 4 Heringsfilets
- 2 Rote Bete, mittelgroß, gekocht
- 2 Gewürzgurken
- 100 g Schmand
- 70 g Salatmayonnaise
- 2 Prisen Meersalz
- 1 EL Zucker
- 2 EL heller Balsamico
- 2 EL Zitronensaft (frisch ausgepresst)

Zubereitung

Schmand und Salatmayonnaise in eine Schüssel geben. Die rote Bete, Gewürzgurke und Hering in feine Würfel schneiden und ebenfalls in die Schüssel geben. Anschließend alle Zutaten gut vermengen und mit Meersalz, Zucker, Balsamico und Zitronensaft abschmecken.

Den Heringssalat kann man gut schon am Vortag zubereiten. Er hält sich im Kühlschrank einige Tage lang.

Gut zu wissen:

Hering ist reich an **Vitamin D, Cystein, Lysin, Omega-3-Fettsäuren** und **Jod,** ideal zur Prävention von Allergien und Neurodermitis. Der gut zu verwertende Lysin-Anteil bei Hering hilft gut gegen Heuschnupfen. Wenn man jedoch das Gefühl hat, dass die Haut sehr berührungsempfindlich wird und sich trocken anfühlt, kann es ein Zeichen für zu viel Hering bzw. Lysin sein. Dann kann man mit manganreicher Kost (Blaubeeren, Brombeeren, Rotkohl, Hülsenfrüchte) und argininreicher Kost (Buchweizen, Hülsenfrüchte) die Überempfindlichkeit schnell verringern.

Vitamin D aus Hering unterstützt zudem den Kalziumeinbau in Knochen und Zähnen. Auch Stimmungsschwankungen durch Sonnenlichtmangel im Herbst und Winter können durch den Konsum von Hering verringert werden.

Rote Bete weist gut verwertbares **Kupfer** auf, welches die Haut weich macht und gut gegen Grind / Gneis und Milchschorf wirkt.

Gebratener Kabeljau mit Brotcroutons und Kapern

- Lysin, Jod

Zutaten für zwei Portionen

- 300 g Kabeljaufilet (Dorschfilet), Frischware
- 3 EL Butterschmalz
- 3 Prisen Meersalz
- 4 Scheiben Weißbrot
- Evtl. etwas Butter
- 3 EL Kapern

Zubereitung

Butterschmalz in einer Pfanne erhitzen. Trocken getupfte Fischfilets in das heiße Fett legen und salzen. Mit einem Deckel die Pfanne verschließen, für ca. eine Minute bei mittlerer Hitze weitergaren lassen und schließlich vom Herd nehmen. Fischfilets für ca. 10 bis 15 Minuten garziehen lassen, ohne dabei den Deckel zu öffnen.
In der Zwischenzeit Weißbrot in kleine Stückchen teilen. Wenn das Fischfilet gar gezogen ist, auf zwei Teller verteilen. Pfanne wieder auf den Herd stellen und erhitzen bis das aus dem Fisch gezogene Wasser verdunstet ist. Evtl. noch ein wenig Butter hinzufügen und Weißbrotstückchen unter Wenden bräunen. Kapern hinzugeben und ein wenig erwärmen. Nun die Brotcroutons, die Kapern und die flüssige Butter über den Fischfilets verteilen.

Gut zu wissen:

Kabeljau enthält viel **Lysin** – ideal gegen Neurodermitis und zur Allergieprävention, wenn das Kind auf Milchprodukte reagiert.
Achtung: Wenn man sehr viel Fisch isst, kann man durch ein Übermaß an **Lysin** und **Jod** zu Berührungsempfindlichkeit neigen. Abhilfe erlangt man durch **Mangan**- und **Arginin**-reiche Nahrung (s. Rezepte mit Buchweizen, Linsen, Kichererbsen, Haselnüssen und Cashewkernen).

Poschierter Kabeljau mit Koriander und Reis

- Lysin, Jod

Zutaten für zwei Portionen

- 300 g Kabeljaufilet (Dorschfilet) Frischware
- 1 1/2 Liter Wasser
- 1 Lorbeerblatt
- 1/2 TL Meersalz
- 125 g Reis
- Wasser
- 2 EL Butter
- 1/4 TL Meersalz
- Koriander

Zubereitung

Wasser für den Fisch in einem großen Topf zum Kochen bringen. Salz und Lorbeerblatt hineingeben. Kabeljaufilet hineinlegen. Topf mit Deckel verschließen und kurz warten, bis das Wasser wieder kocht. Topf vom Herd nehmen und Fischfilets für ca. 10 bis 15 Minuten garziehen lassen. Nicht mehr weiter erhitzen.

In der Zwischenzeit den Reis in kochendem Wasser mit etwas Meersalz garen. Die Garzeiten variieren stark nach Sorte. Bitte die Zeiten auf der Verpackung beachten.

Nach dem Garen mit etwas Butter verfeinern und auf die Teller verteilen. Gegarten Fisch mit einem Pfannenwender aus dem Wasser heben, kurz abtropfen lassen und auf dem Reis platzieren. Anschließend ein wenig Koriander darüber geben.

Gut zu wissen:

Kabeljau enthält viel **Lysin** – ideal gegen Neurodermitis und zur Allergieprävention, wenn das Kind auf Milchprodukte reagiert.

Achtung: Wenn man sehr viel Fisch isst, kann man durch ein Übermaß an **Lysin** und **Jod** zu Berührungsempfindlichkeit neigen. Abhilfe erlangt man durch **Mangan**- und **Arginin**-reiche Nahrung (s. Rezepte mit Buchweizen, Linsen, Kichererbsen, Haselnüssen und Cashewkernen).

Hering-Häppchen

- Lysin, Omega-3-Fettsäuren

Zubereitung für eine Portion

- 60 g marinierten Hering/ Sild
- 2 EL Schmand
- 1 EL Dill
- Evtl. etwas Meersalz
- 1 Scheibe geröstetes Brot

Zubereitung:

Brot rösten. Schmand mit gehackten Dill und evtl. Meersalz vermengen. Nachdem das Brot ein wenig ausgekühlt ist, mit Schmand bestreichen und die Heringshappen darauf verteilen.

Gut zu wissen:

Hering enthält viel **Lysin** und **Omega-3-Fettsäuren** – ideal gegen Neurodermitis und zur Allergieprävention. **Achtung:** Wenn man sehr viel Fisch isst, kann man durch ein Übermaß an **Lysin** und **Jod** zu Berührungsempfindlichkeit neigen. Abhilfe erlangt man durch **Mangan**- und **Arginin**-reiche Nahrung (s. Rezepte mit Buchweizen, Linsen, Kichererbsen, Haselnüssen und Cashewkernen).

Rotkohlsalat

- Mangan, Molybdän, Vitamin E

Zutaten für 2-4 Portionen

- 400 g Rotkohl (frisch)
- 3 EL Sonnenblumenöl
- 3 EL Sahne
- 2 EL Essig
- Meersalz, evtl. Zucker, evtl. Tabasco
- 3 EL Preiselbeeren aus dem Glas oder Preiselbeermarmelade
- 2 EL Walnüsse (evtl. weglassen)

Zubereitung

Vom Rotkohl die äußeren Blätter entfernen bis die Blätter ohne Erde sind. Den Kohlkopf halbieren, vierteln und in sehr feine Scheiben schneiden oder mit der Küchenmaschine fein hobeln.

Öl, Sahne, Essig, Meersalz, evtl. etwas Tabasco, Zucker und Preiselbeermarmelade bzw. Preiselbeeren miteinander vermengen. Wenn Preiselbeermarmelade verwendet wird, kann auf zusätzlichen Zucker verzichtet werden.

Die Soße über den Rotkohl geben, gut durchmischen und für ca. 2 Stunden durchziehen lassen. Walnüsse fein hacken und vor dem Verzehren auf den Salat geben. Der Kohlsalat hält sich im Kühlschrank für gut 2 Tage frisch.

Gut zu wissen:

Rotkohl und Preiselbeeren enthalten **Molybdän** und **Mangen**. Daher eignet sich dieser Salat gut als Beilagensalat für die Mutter, wenn ihr Kind Neurodermitis und Berührungsempfindlichkeit aufweist. Walnüsse enthalten **essentielle Fettsäuren** und **Vitamin E**. Sie fördern den erholsamen Schlaf und sorgen für Milchbildung. Ein Zuviel an essentiellen Fettsäuren kann aber auch einen Neurodermitisschub beim Kind herbeiführen. Dann muss auf Walnüsse und auf gute Salatöle verzichtet werden.

Rote Bete-Suppe

- Kupfer, Vitamin B2

Zutaten für 4 Portionen

- 3/4 Liter Hühnerfond
- 4 vorgegarte rote Bete
- 4 TL weißen Balsamico
- 1/8 Liter Sahne
- Pfeffer, Salz, Zucker, evtl. Tabasco
- 100 g Schmand

Als Beilage eignet sich Brot mit Blauschimmelkäse.

Zubereitung

Rote Bete klein schneiden. Mit dem Hühnerfond zum Kochen bringen. Anschließend alles gut pürieren, so dass es sämig wird. Sahne hinzufügen. Die Suppe darf nun nicht mehr zum Kochen gebracht werden.
Mit weißem Balsamico, Pfeffer, Salz, Zucker und evtl. Tabasco würzen. Rote Bete-Suppe mit einem Klecks Schmand garnieren und mit frischem Baguette oder Weißbrot mit Blauschimmelkäse essen.

Gut zu wissen:

Kupfer aus roter Bete geht in die Muttermilch über und wirkt gut gegen Grind/ Gneis auf dem Schädel und auch gegen Milchschorf.
Gut schmeckt dazu auch ein Brot mit Blauschimmelkäse (**Vitamin B2 und B12**) (Cambozola, St. Agur, Gorgonzola, etc.). Das Vitamin B2 aus dem Weichkäse unterstützt zudem die **Kupfer**wirkung. Besonders günstig zu essen bei einem Anflug von Sonnenstich mit Überempfindlichkeit bezüglich Licht, Wind und Lärm sowie bei leichter Übelkeit nach starker Sonneneinwirkung evtl. einhergehend mit Kopfschmerzen im Bereich des Schädeldachs (bis zum Migräneanfall).
Rote Bete-Suppe eignet sich auch bei Erschöpfungszuständen nach dem Aufenthalt in schlecht durchlüfteten Räumen (Zugfahrt, Warteräume, etc.), so dass der Sauerstoffgehalt der Luft zu gering war und man das Gefühl hat, man müsse tiefer durchatmen können oder dringend an die frische Luft kommen.
Bei Menschen, die bei einem Überschuss an Kupfer schnell in eine **Zink**-Unterversorgung geraten (was u.a. an dem Entstehen von Lippen-Herpesbläschen zu beobachten ist) sollten zu der rote Bete-Suppe Kürbiskerne oder auch ein Kürbiskernbrot essen. Herzlichen Dank an Lars Jürgensen für diesen Tipp.

Rote Bete-Salat

- Kupfer, Vitamin E, essentielle Fettsäuren

Zutaten für kleine Portionen

- 120 g vorgekochte rote Bete
- 1/2 Zitrone, Saft
- 2 EL Walnussöl oder Sonnenblumenöl
- 1 TL Zucker
- 2 Prise Meersalz
- 1 EL Walnüsse
- 1 EL Haselnüsse
- Ein paar frische Kräuter: Thymian-Blättchen, Petersilie, Basilikum

Als Abendessen zusammen mit geröstetem Brot mit Butter – im Winter Vollkornbrot und an heißen Sommertagen Weißbrot.
Rote Bete-Salat ist gut als Beilagensalat geeignet zu schwefelhaltigen Gerichten, wie zum Beispiel zu einem Omelette.

Zubereitung

Vorgegarte rote Bete in kleine Würfel schneiden und mit Zitronensaft, Öl, Zucker und Meersalz eine Soße zubereiten und über die rote Bete geben. Hasel- und Walnüsse klein hacken und darüber streuen. Mit frischen Kräutern garnieren.

Gut zu wissen:

Kupfer aus roter Bete ist Gegenspieler zu **Schwefel**. Wenn man durch Konsum von Eiern, Quark oder Hülsenfrüchten (zu) viel Schwefel zu sich genommen hat, reagieren einige gestillte Säuglinge mit Grind/ Gneis bzw. Milchschorf auf der Kopfhaut. Kupfer macht zudem die Haut weich. Bei der Mutter sorgt rote Bete für eine gute Sauerstoffverwertung und beugt Kopfschmerzen durch Überanstrengung vor.
Walnüsse und Haselnüsse enthalten **essentielle Fettsäuren** und **Vitamin E**. Sie fördern den erholsamen Schlaf und sorgen für Milchbildung. Ein Zuviel an essentiellen Fettsäuren kann aber auch einen Neurodermitisschub beim Kind herbeiführen. Dann muss auf Nüsse und auf gute Salatöle verzichtet werden. Die frischen Kräuter liefern **Folsäure** zum Denken.

Buchweizenpfannkuchen mit Lachs oder Forelle

- Arginin, Mangan, Tyrosin, Omega-3-Fettsäuren

Zutaten für 2 bis 3 Portionen

- 100 g Dinkel- oder Weizenmehl
- 100 g Buchweizenmehl (nur frisch gemahlenes Mehl verwenden)
- 3 Eier
- 1/4 TL Meersalz
- 400 ml Wasser
- evtl. etwas Kümmel
- 150 g Schmand
- 200 g geräucherter oder gebeizter Lachs oder Forelle
- 4 TL frisch gehackte Kräuter, wie z.B. Dill, Basilikum, Oregano, Majoran
- Butterschmalz zum Ausbacken der Pfannkuchen

Zubereitung

Beide Mehlsorten zusammen mit den Eiern, dem Wasser, dem Salz und evtl. etwas Kümmel zu einem glatten Teig verrühren und etwas ausquellen lassen.

Ein wenig Butterschmalz in einer Pfanne erhitzen, eine kleine Kelle voll Teig in die Pfanne geben und von beiden Seite leicht knusprig braten lassen. Mit dem restlichen Teig ebenso verfahren.

Fertige Pfannkuchen jeweils auf einen Teller geben und mit einem Klecks Schmand, ein wenig Fisch und frischen Kräutern belegen.

Gut zu wissen:

Buchweizenmehl kann schnell ranzig werden, daher sollte immer nur frisches Mehl verwendet werden. Buchweizen enthält **Arginin** (Aminosäure) und **Mangan**. Beide Nährstoffe sind wichtig, um die Wirkung von **Chrom** zu vermindern. Chrom erhöht die Allergiebereitschaft und kann Hautekzeme verstärken. Schmand enthält **Vitamin B2**, welches für die Zellatmung benötigt wird und zusammen mit **Lysin** aus dem Fisch (insbesondere in Forelle) „frischen Wind in den Kopf bläst" und das Denken erleichtert.

Fetter Fisch enthält zudem **Omega-3-Fettsäuren**, die anti-allergene Wirkung beim Säugling haben. Die aufgeführten Kräuter enthalten **Folsäure**, welche gegen die so genannte Stilldemenz und zudem auch milchbildend wirken. Wer den Geschmack von Kümmel mag, kann ihn gerne in den Teig geben, so dass er etwas aufquellen und weich werden kann. Kümmel wirkt milchbildend bei der Mutter und beruhigend beim Säugling auf den Verdauungstrakt.

Achtung: Wenn Neurodermitis stark vorhanden ist, sollte Lachs ersetzt werden durch Forelle, Makrele, Hering oder Sardinen. Lachs, insbesondere Wildlachs, weist einen hohen Chromwert auf. Chrom verstärkt die Neurodermitissymptomatik.

Buchweizenpfannkuchen mit Dattelsirup und Beeren

- Arginin, Mangan, Molybdän

Zutaten für 2 bis 3 Portionen

- 100 g Dinkel- oder Weizenmehl
- 100 g Buchweizenmehl (nur frisch gemahlenes Mehl verwenden)
- 3 Eier
- 1/8 TL Meersalz
- 400 ml Wasser

Variante 1

- 5 EL Dattelsirup
- 200 g Beeren (schwarze Johannisbeeren, Blaubeeren, Himbeeren)

Variante 2

- 150 ml süße Sahne
- 1 TL echten Vanillezucker
- 6 Datteln

Butterschmalz zum Ausbacken der Pfannkuchen

Zubereitung

Beide Mehlsorten zusammen mit den Eiern, dem Wasser und dem Meersalz zu einem glatten Teig verrühren und etwas ausquellen lassen.

Butterschmalz in einer Pfanne erhitzen und eine kleine Kelle voll Teig in die Pfanne geben und von beiden Seite leicht knusprig braten lassen. Den fertigen Pfannkuchen auf einen Teller geben. Mit dem restlichen Teig ebenso verfahren.

Variante 1: Pfannkuchen mit Dattelsirup süßen und zusammen mit Beerenfrüchten essen.

Variante 2: Sahne aufschlagen und mit echtem Vanillezucker süßen. Datteln entsteinen und in kleine Stückchen schneiden. Jeweils einen Klecks Sahne auf den Buchweizenpfannkuchen geben und mit den Dattelstückchen garnieren.

Gut zu wissen:

Buchweizenmehl kann schnell ranzig werden, daher sollte immer nur frisches Mehl verwendet werden. Buchweizen enthält **Arginin** (Aminosäure) und auch **Mangan**. Beide Nährstoffe sind wichtig, um die Wirkung von Chrom zu vermindern. Chrom erhöht die Allergiebereitschaft und verstärkt Hautekzeme. In Datteln/ Dattelsirup ist **Molybdän** enthalten, was ebenfalls sehr gut gegen **Chrom** wirksam ist.

Da Mangan und Molybdän jedoch auch dämpfend wirken, vertragen einige diese Nahrungsmittel besser zusammen mit **Vitamin C**-reichen Beerenfrüchten. Zu empfehlen sind dann Blaubeeren, schwarze Johannisbeeren und evtl. auch Himbeeren – Früchte die wenig Chrom enthalten. Erdbeeren, die geschmacklich auch hervorragend dazu passen würden, enthalten sehr viel Chrom. Erdbeeren sind daher für Mütter allergiegefährdeter Kinder nicht zu empfehlen.

Buttermilch mit Orangensaft

• Lysin, Folsäure

Zutaten für eine Portion

- 200 ml Buttermilch „natur"
- 1 Orange, Saft
- 1/4 Prise Salz (oder Salzstange dazu essen)
- Evtl. etwas Zucker

Zubereitung

Orange halbieren und auspressen. In den Saft eine Mini-Prise Salz geben. Buttermilch zusammen in ein großes Glas gießen und evtl. mit etwas Zucker süßen.

Gut zu wissen:

Buttermilch „natur" enthält **Lysin**, eine Aminosäure, die durch den Pasteurisierungsprozess normaler Kuhmilch verloren gegangen ist. Wenn das Kind auf Kuhmilchprodukte mit Heuschnupfen, Allergien oder Neurodermitis reagiert, kann durch Lysin die Reaktion gemindert werden.
Orange enthält zusätzlich **Vitamin C** und **Folsäure**. Vitamin C benötigt die Mutter u.a. zur Rückbildung. Folsäure hilft zusammen mit Lysin beim Denken bzw. gibt frischen Antrieb beim Denken. **Natrium** aus Salz ist als Gegenspiel zu **Kalium** aus Buttermilch nötig, damit das Kind nicht mit Bauchkneifen reagiert.

Buttermilch mit Kirsche

• Lysin, Kobalt

Zutaten für eine Portion

- 200 ml Buttermilch „natur"
- 6-8 Kirschen (frisch, TK-Ware oder aus dem Glas)
- 1/4 Prise Salz (oder Salzstange dazu essen)
- Evtl. etwas Zucker

Zubereitung

Kirschen entsteinen. Bei Tiefkühlware ist es meist nicht notwendig. Kirschen zusammen mit einer Mini-Prise Salz und der Buttermilch in einen Mixer geben und alles gut pürieren bzw. vermixen. Eventuell ein wenig mit Zucker süßen. Buttermilch in ein großes Glas umgießen.

Gut zu wissen:

Buttermilch „natur" enthält **Lysin**, eine Aminosäure, die durch den Pasteurisierungsprozess normaler Kuhmilch verloren gegangen ist. Wenn das Kind auf Kuhmilchprodukte mit Heuschnupfen, Allergien oder Neurodermitis reagiert, kann durch Lysin die Reaktion gemindert werden. Lysin gibt zusätzlich frischen Antrieb beim Denken.
Kirschen enthalten **Kobalt**, ein Spurenelement, welches die Stimmung verbessert und lustig machen kann. **Natrium** aus Salz ist als Gegenspiel zu **Kalium** aus Buttermilch nötig, damit das Kind nicht mit Bauchkneifen reagiert.

Buttermilch mit Blaubeeren

- Lysin, Mangan

Zutaten für eine Portion

- 200 ml Buttermilch „natur"
- 50 g Blaubeeren (frisch oder TK-Ware)
- 1/4 Prise Salz (oder Salzstange dazu essen)
- Evtl. etwas Zucker

Zubereitung

Blaubeeren waschen und zusammen mit einer Mini-Prise Salz und der Buttermilch in einen Mixer geben und alles gut pürieren bzw. vermixen. Eventuell ein wenig mit Zucker süßen. Buttermilch in ein großes Glas umgießen.

Gut zu wissen:

Buttermilch „natur" enthält **Lysin**, eine Aminosäure, die durch den Pasteurisierungsprozess normaler Kuhmilch verloren gegangen ist. Wenn das Kind auf Kuhmilchprodukte mit Heuschnupfen, Allergien oder Neurodermitis reagiert, kann durch Lysin die Reaktion gemindert werden. Lysin gibt zusätzlich frischen Antrieb beim Denken.
Blaubeeren enthalten **Mangan**, ein Spurenelement, welches gut gegen **Chrom**, den „Motor für Allergien", wirkt. **Natrium** aus Salz ist als Gegenspiel zu **Kalium** aus Buttermilch nötig, damit das Kind nicht mit Bauchkneifen reagiert.

Das Konzept der Bedarfsorientierten Ernährung ist aus dem Erfahrungsschatz des Heilpraktiker **Heinrich Tönnies** (1936-2006) entstanden, der gezielt Nahrungsmittel zum Heilen von physischen und psychischen Erschöpfungszuständen und zum Aufhalten von Erkrankungen eingesetzt hat. Durch seine gute Beobachtungsgabe und durch ein gutes Körpergefühl ist es ihm gelungen, ernährungsbedingte Ungleichgewichte aufzuspüren und mit Wissen aus biochemischer und ökotrophologischer Fachliteratur abzugleichen und zu ergänzen. Das hier zusammengetragene Wissen stammt größtenteils aus Mitschriften aus seinen Vorlesungen und Sprechstunden und wurde ergänzt durch neuere Erkenntnisse sowie durch eigene Erfahrungen beim täglichen Umsetzen der bedarfsorientierten Ernährungsweise. Das Kinderernährungswerk e.V. und die Pädagogische Praxis für Kindesentwicklung PäPKI® in Hamburg haben sich zur Aufgabe gemacht, das sehr detaillierte Fachwissen aufzuarbeiten und in praxisrelevante und umsetzbare Ernährungsempfehlungen zusammenzufassen.

Die in dieser Broschüre zusammengestellte Rezeptsammlung stammt aus dem Fundus der Pädagogischen Praxis für Kindesentwicklung PäPKI®. Rezepte, die seinerzeit von Heinrich Tönnies zusammengestellt wurden, sind als solche gekennzeichnet.

Nährstoffliste nach Heinrich Tönnies mit therapeutisch einsetzbaren Nahrungsmitteln

Die nachfolgenden Nährwerttabellen zeigen an, welche Nährstoffe aus bestimmten Nahrungsmitteln gut bioverfügbar sind und zum Ausgleich von Ernährungsungleichgewichten eingesetzt werden können. Sie sind nicht zu vereinen mit gewöhnlichen Vitamin- und Mineralstofftabellen. Ebenso wenig geben sie Auskunft über synergistische und antagonistische Wechselwirkungen verschiedener Lebensmittel in Kombination.

Vitamine	Nahrungsmittel
Vitamin A, Retinol	Leber, Eigelb, Meeresfisch, aus Carotinen: Karotten, Brokkoli, Mangold, Pastinaken, grüne Bohnen, Spinat etc.
Vitamin D **Colecalciferol (D3,tierische)**	Speck, tierisches Fett, Ei, Hartkäse, Tiefseefisch (Lachs), Schweineschmalz, Salami etc.
Ergocalciferol. (D2, pflanzlich)	Austernpilze (sonnengetrocknet), Pfifferlinge, (Champignons)
Vitamin E, z.B. Tocopherol	gutes kalt gepresstes Olivenöl, Weizenkeime, dunkelgrüne Salate
Vitamin B1, Thiamin	Hülsenfrüchte, Vollgetreide, Edelhefeflocken
Vitamin B2, Riboflavin	Joghurt, Quark, Camembert, Brie, Sauermilchprodukte, Gemüsemais, Zwetschgen, Gemüse, grüne Salate,
Vitamin B3, Niacin	rohe frische Champignons, Avocado, Fenchel, Kartoffeln, Bananen, Makrele, Kochschinken,
Vitamin B5, Pantothensäure	Haferflocken, Hülsenfrüchte, wie z.B. Linsen oder Kichererbsen, frisches Popcorn
Vitamin B6 **Pyridoxin**	braune Linsen, Gerste, Mais, Edelhefeflocken, Vollkornreis, Roastbeef
Vitamin B12 **Cobalamin**	Fleisch, v.a. Tartar, Roastbeef, Leber, Blauschimmelkäse, wenig in Datteln
Vitamin C **Ascorbinsäure**	gelbe Grapefruit, Zitrone, Beeren, rote und schwarze Johannisbeere, Jostabeere, frischer Salat und Kräuter
Folsäure	dunkelgrünes Blattgrün, Spinat, Mangold, Petersilie, Basilikum, Orange (frisch), junges Geflügel (Hähnchenschenkel)

Fettsäuren	Abkürzungen	Nahrungsmittel
Arachidonsäure	= Ara	tierische Fette, Schaffett
Linolensäure	= Lie	kaltgepresste Öle, Leinsamen
Linolsäure	= Lio	kaltgepresste Öle, Leinsamen (gute Wirkung, wenn gekaut)
Omega-3-Fettsäure		Fischöl, generell in fettem Fisch

Mineralstoffe/ Spurenelemente:	Nahrungsmittel
Kalzium	Hartkäse, Ei, Fleisch, Fisch, auch in Pflanzenstrukturen in Verbindung mit Vitamin D
Chrom	Karotten, rote Peperoni, Kaki, Kiwi, Mandarinen, Orangen, Äpfel, Ananas, Feigen, Aprikosen, Erdbeeren, Mango, Papaya, Pistazien, Lachs, Vollrohrzucker, Pfeffer, Curry
Eisen	rotes Fleisch, Leber, Linsen, dunkelgrüne Salate (z.B. Römer)
Fluor	Lang gezogener Schwarztee, Grüntee, Buchweizen, Roggen, Hirse, Soja
Jod	Meeresfisch, am meisten in Schellfisch, Kabeljau, Meeresalgen
Kalium	Obst, Salate, Gemüse, Obst- und Gemüsesäfte, Milch
Kobalt	Sauerkirschen, dunkle Trauben, Tomaten, Leber, grüne Bohnen
Kupfer	Rote Bete, grüne Erbsen, Gurken, grüne Gemüse, Himbeeren
Magnesium	grüne Bohnen, Kohlrabi, Fenchel, Gurke, grüne Salate, Brokkoli
Mangan	gelbe Suppenerbsen, Rotkohl, Heidelbeeren, Kichererbsen, Vollkornreis, Aubergine, Preiselbeeren, Schaffleisch, Brombeere, Kakao
Molybdän	Buchweizen, Rotkohl, gelbe Erbsen, Leber, Muscheln, Aprikose, Rot-/ Schwarzwurst
Natrium	Kochsalz (Steinsalz, Meersalz, nicht rieselfähig)
Phosphor	Fisch, Fleisch, Wurst, Schmelzkäse, Linsen, Haselnüsse
Schwefel	Lauch, Zwiebeln, Knoblauch, Kresse, Rettich, Bärlauch, Eier, Walnüsse, Haselnüsse, Oliven, gewisse Mineralwasser
Selen	rote & braune Bohnen, Gerste, Sellerie, Rettich, Radieschen
Silizium	Hirse, Erdbeeren, Brennessel, Rettich, Honigmelone
Zink	weiße Bohnen, Gerste, Kürbiskerne, Haferflocken, Rindfleisch, Austern, Blumenkohl, Zucchini

Aminosäuren	Nahrungsmittel
Arginin	Buchweizen, Hülsenfrüchte, Haselnüsse, Cashewkerne
Cystein	Ei, Seezunge, Seehecht, Thunfisch, Krebse, Quark, Mandeln
Isoleucin	Hähnchenschenkel, Forellenfilet, frische Sardinen, Buttermilch
Leucin	Hafer, Hirse, Weizen, Linsen, allgemein Vollgetreide
Lysin	Kabeljau, Makrele, Ölsardinen, frische Milch, Buttermilch
Methionin	Quark, Milchprodukte, Käse, Crevetten, Hirse, Soja
Threonin	Hirse, (Polenta)
Tyrosin	Maisgrieß (Polenta), Eier, Rohmilch-Hartkäse
Tryptophan	Hähnchenschenkel, Kalb-, Schweine- u. Lammfleisch (von jungen Tieren), Austern, Wiener Würstchen, Schinken, Fleischkäse, Cashewnüsse
Valin	Kalbfleisch, Flundern, Meeresfisch, Vollkornreis 12 Stunden eingeweicht

EINKAUFSLISTE

Nahrungsmittel, die häufig in der bedarfsorientierten Ernährung für stillende Mütter Verwendung finden und nicht jeder zu Hause vorrätig hat

- Kräutertöpfe: Basilikum, Majoran, Oregano, Thymian, Rosmarin

- Paradina-Linsen/ Tellerlinsen (Trockenware, keine roten Linsen)
- Weiße Bohnen (Trockenware oder Dose)
- Kichererbsen (Trockenware oder Dose)
- Polenta (Maisgrieß, nicht instant)
- Dinkelmehl
- Buchweizenmehl
- Gerstengraupen

- Brombeeren (frisch, als TK-Ware oder Brombeermuttersaft aus dem Reformhaus)
- Blaubeeren (frisch, als TK-Ware oder Blaubeermuttersaft aus dem Reformhaus)
- Kirschen (frisch oder als TK-Ware)
- Gelbe Grapefruit (nicht rosé bei Allergiebereitschaft)
- Beerenobst (Frischware)

- Datteln
- Dörrpflaume
- Kandierter Ingwer
- Gurke (Frischware)
- Brokkoli (Frischware)
- Fenchel (Frischware)
- Avocado (Frischware)
- Erbsen (TK-Ware oder frisch)
- Rote Bete (vorgekocht, sauer eingelegt im Glas oder als Saft)

- Bio-Cashewkerne
- Haselnüsse
- Kürbiskerne
- Walnüsse
- Sonnenblumenkerne
- Erdnussmus (Reformhaus)
- Cashewnussmus (Reformhaus)
- Haselnussmus (Reformhaus)
- Dattelsirup (Reformhaus)

- Walnussöl
- Kürbiskernöl
- Sonnenblumenöl

- Parmesankäse im Stück
- Gruyère, Appenzeller, Bergkäse, andere Rohmilchhartkäse
- Blauschimmelkäse, Camembert

- Butterschmalz
- Butter
- Schmalz (im Herbst und Winter)
- Sahne
- Schmand

- Hering (gegart in schmackhafter Soße, Dosenware)
- Sild/ skandinavischer roher Hering in schmackhafter Soße (Kühlregal)
- Makrele (frisch oder Räucherware, evtl. als Dosenware)
- Forellenfilets (Räucherware, Kühlregal)
- Kabeljau, Lachs oder anderen Tiefseefisch (nur als Frischware, keine TK-Ware)

- Wiener Würstchen (nur Frischware)
- Lammfleisch (nur Frischware)
- Kalbfleisch (nur Frischware)
- Rindfleisch (nur Frischware)
- Hähnchenschenkel (nur Frischware)
- Geflügelleber oder Lammleber (Bio-Frischware)
- Leberwurst
- Rot-/ Schwarzwurst

- Salzstangen mit Meersalz
- Zartbitterschokolade
- Maiswaffeln
- Edelhefe (Reformhaus)
- Meersalz (nicht rieselfähig, Reformhaus)
- Fachinger Wasser oder anderes Heilwasser

LITERATUR

Alm B, Goksör E, Thengilsdottir H, Pettersson R, Möllborg P, Norvenius G, Erdes L, Aberg N, Wennergren G. (2011): **Early protective and risk factors for allergic rhinitis at age 4 1/2 year Pediatr Allergy Immunol.** 2011 Jun;22(4):398-404.

Basile LA, Taylor SN, Wagner CL, Horst RL, Hollis BW (2006): **The effect of high-dose vitamin D supplementation on serum vitamin D levels and milk calcium concentration in lactating women and theire infants.** Breastfeed Med, 2006 Spring; 1 (1):27-35.

Bein-Wierzbinski W (2007): **Kindergarten- und Grundschulkinder profitieren von gezielter Gymnastik. Praxis der Psychomotorik. Zeitschrift der Bewegungserziehung.** Jg.32(4)2007:1-10. Sonderdruck zu erhalten über: www.paepki.de

Bein-Wierzbinski W (2008): **Mögliche Zusammenhänge zwischen Kopfgelenksdysfunktionen und blickmotorischen Auffälligkeiten bei Grundschulkindern mit Schulschwierigkeiten.** Manuelle Medizin 2008. 46:307-315; Springer Medizin Verlag 2008, kostenloser Download unter www.paepki.de

Bein-Wierzbinski W (2010): **Bewegungsförderung im Alltag: Fördernde Tragegriffe, bei denen Ihr Kind mitarbeiten muss.** Zu erhalten über: www.paepki.de

Bein-Wierzbinski W (2010): **Fördernde „Sitzgelegenheiten“, bei denen Sie Ihr Kind auf dem Weg zum eigenständigen Sitzen unterstützen,** 10 Karten. Zu erhalten über: www.paepki.de

Bein-Wierzbinski W (2011): **Die natürliche Bewegungsentwicklung unterstützen - von Geburt an,** Sonderdruck: Die Hebamme 2011, Heft 4 zu beziehen unter www.paepki.de

Bein-Wierzbinski W. (2011): **Das PäPKi®-Konzept - Pädagogische Fördermethode für Kinder mit funktionellen Entwicklungsstörungen und deren Eltern.** Sonderdruck Manuelle Medizin 2011. 49:153–160; Springer Verlag. Sonderdruck zu erhalten über: www.paepki.de

Bein-Wierzbinski W, Gehring B, Knopp A, Sepke Chr (2011): **Back to the Roots - Entwicklungsschritte nachholen:** Sonderdruck aus Ergopraxis 1/11. Thieme Verlag: Zu erhalten über: www.paepki.de

Bein-Wierzbinski W, Gehring B, Knopp A, Sepke Chr (2011): **Leichte Abweichungen in der frühkindlichen Bewegungsentwicklung und später auftretende Lernstörungen: Gibt es einen Zusammenhang?** Sonderdruck aus Kinderkrankenschwester 30 Jg., 2/2011: Sonderdruck zu erhalten über: www.paepki.de

Bein-Wierzbinski W (2011): **Das Konzept der Bedarfsorientierten Ernährung nach Heinrich Tönnies - Wie ernähre ich mein Kind gesunderhaltend?** Sonderdruck zu erhalten über: www.paepki.de

Bein-Wierzbinski (2013): **Einführung der Beikost - Bedarfsorientierte Ernährung von Anfang an.** Zu erhalten über: www.paepki.de

Bein-Wierzbinski, W. (2013b): **Die frühkindliche Bewegungsentwicklung.** DO - Deutsche Zeitschrift für Osteopathie 2013; 3:16-20.

Berg A von, Filipiak-Pittroff B, Krämer U et al. (2008): **Preventive effect of hydrolyzed infant formulas persists until age 6 years: long-term results from the German infant nutritional intervention study (GINI).** J Allergy Clin Immunol 21(6):1442–1447.

BgVV (1995): **Schwangere sollten weiterhin auf den Verzehr von Leber verzichten.** Newsletter 20/1995, 23.10.1995.

Biesalski H.K. (2003): **Nährstoff- und Flüssigkeitsbedarf stillender Mütter. In: Scherbaum V., Perl F.M., Kretschmer U.(Hrsg.): Stillen. Frühkindliche Ernährung und reproduktive Gesundheit.** Köln: Deutscher Ärzte-Verlag, 2003: 184-203.

Chang S.C., O`Brien K.O., Zavaleta N., Shankar A. (1999): **The impact of Iron and Zinc supplementation on the mineral content of colostrums.** FASEB J 13: A255

Forschungsinstitut für Kinderernährung (2008): **Empfehlungen für die Ernährung von Säuglingen und Kindern mit einer Lebensmittelallergie.** For-schungsinstitut für Kinderernährung, Dortmund, 2008.

Funk M.A., Hamlin L., Picciano M.F., Prentice A., Milner J.A. (1990): **Milk selenium of rural African women. Influence of maternal nutrition, parity, and length of lactation.** Am. J. Clin. Nutr. 51: 220-224.

Heine, W. (2000): **Alternative Ernährung bei Säuglingen und Kleinkindern?** Die deutsche Liga für das Kind : http://www.liga-kind.de/fruehe/200_hein.php

Kasper, H. (2009). **Ernährungsmedizin und Diätetik.** München 11. Auflage, 2009.

Koletzko B.; Brönstrup A., Cremer M., Flothkötter M., Hellmers C., Kersting M. , Krawinkel M., Przyrembel H., Schäfer T., Vetter K., Wahn U., Weißenborn A. (2010): **Säuglingsernährung und Ernährung der stillenden Mutter. Handlungsempfehlungen – Ein Konsensuspapier im Auftrag des bundesweiten Netzwerk Junge Familie.** Springer-Verlag: Monatsschr Kinderheilkd., 158 (7) 2010: 679-689.

Koletzko B, Cetin I, Brenna JT; Perinatal Lipid Intake Working Group; Child Health Foundation; Diabetic Pregnancy Study Group; European Association of Perinatal Medicine; European Society for Clinical Nutrition and Metabolism; European Society for Paediatric Gastroenterology, Hepatology and Nutrition, Committee on Nutrition; International Fede-ration of Placenta Associations; International So-ciety for the Study of Fatty Acids and Lipids (2007): **Dietary fat intakes for pregnant and lactating women.** Br J Nutr 98(5) 2007:873–877

Heymann,W v (2010): **CMD und Wirbelsäule – Aspekte der Wechselwirkungen. Modell einer kybernetischen und neuromuskulären Integration.** In: Köneke, Chr. (Hrsg) Craniomandibuläre Dysfunktion. Interdisziplinäre Diagnostik und Therapie. Quintessenz, Berlin 2010.

Lönnerdal, B. (1997): **Effects of milk and milk components on calcium, magnesium, and trace element absorption during infancy.** Physiol Rev 77 (3) 1997: 643-669.

Lönnerdal, B. (2000): **Regulation of mineral and trace elements in human milk: exogenous and endogenous factors**. Nutrition Reviews 58 (8) 2000: 223-229.

Mello-Neto J, Rondó PH, Morgano MA, Oshiiwa M, Santos ML, Oliveira JM (2010): **Iron concentrations in breast milk and selected maternal factors of human milk bank donors.** J Trop Pediatr. 2012 Oct 15. J Hum Lact. 2010 May;26(2):175-9.

Mello-Neto J, Rondó PH, Oshiiwa M, Morgano MA, Zacari CZ, Santos ML. (2012): **Iron Supplementation in Pregnancy and Breastfeeding and Iron, Copper and Zinc Status of Lactating Women From a Human Milk Bank**.
Mello-Neto J, Rondó PH, Oshiiwa M, Morgano MA, Zacari CZ, Santos ML. (2012): Iron Supplementation in Pregnancy and Breastfeeding and Iron, Copper and Zinc Status of Lactating Women From a Human Milk Bank. J Trop Pediatr. 2013 Apr;59(2):140-4

Müller P.R. (2007): **Pleiotrope Wirkung von Eisen. Ohne Eisen geht im Körper fast nichts.** Medical Tribune 40 (6): 9. Februar 2007: 26.

Mutius E. v. (2007): **Allergies, infections and the hygiene hypothesis – the epidemiological evidence.** Immunobiology. 2007;212(6):433-9.

Mutius E. v., Vercelli D. (2010): **Farm living: effects on childhood asthma and allergy.** Nat Rev Immunol. 2010 Dec;10(12):861-8

Mutius Ev.(2012): **Maternal farm exposure/ingestion of unpasteurized cow's milk and allergic disease.** Curr Opin Gastroenterol. 2012 Nov;28(6):570-6.

Neuhuber WL (2005): **Funktionelle Neuroanatomie des kraniozervikalen Übergangs.** In: Hülse M, Neuhuber WL, Wolffs HD (Hrsg): Die obere Halswirbelsäule. Springer, Berlin Heidelberg New York, S. 55-71.

ÖKO-TEST Fragen & Antworten Kinderernährung (2013): **Test Muttermilchersatz, Anfangsnahrung: Ins Fettnäpfchen.** Mai 2013: 24-27

Orun E, Yalcin SS, Aykut O, Orhan G, Morgil GK: **Zinc and copper concentrations in breastmilk at the second month of lactation.** Indian Pediatr. 2012 Feb; 49(2):133-135.

Pisacane A, De Vizia B, Valiante A, Vaccaro F, Russo M, Grillo G, Giustardi A. (1995): **Iron status in breast-fed infants.** J Pediatr. 1995 Sep;127(3):429-31.

Remer T., Johner S. A., Gärtner R., Thamm M., Kriener E.: **Jodmangel im Säuglingsalter - ein Risiko für die kognitive Entwicklung.** Dtsch med Wochenschr 2010; 135(31/32): 1551-1556.

RICHTLINIE 2006/141/EG DER KOMMISSION (2006): vom 22. Dezember 2006 über Säuglingsanfangsnahrung und Folgenahrung und zur Änderung der Richtlinie 1999/21/EG http://eur-lex.europa.eu/LexUriServ/LexUriServ.do?uri=CONSLEG:2006L0141:20081028:DE:PDF

Russell R. M. (2003): **Vitamine und Spurenelemente – Mangel und Überschuss.** In: Manfred Dietel, Joachim Dudenhausen, Norbert Suttorp (Hrsg.) Harrisons Innere Medizin. Berlin 2003.

Schmidt, J. (2012): **Risiken des Vitamin-B12-Mangels in der Schwangerschaft.** www.gf-biofaktoren.de/wp/export/sites/gf-biofaktoren/media/fachthemen/Risiken-des-Vitamin-B12-Mangels-in-der-Schwangerschaft.pdf

Subcommitee on Nutrition during Lactation (1991):
Committee on Nutritional Status During Pregnancy and Lactation, Food and Nutrition Board, Institute of Medicine, National Academy of Sciences, National Academy Press, Washington, D.C., 1991.

Taschner, U. (2010): **Muttermilch - die natürliche Vitaminbombe für Säuglinge.** Stuttgart: Hippokrates Verlag in MVS Medizinverlage. Die Hebamme 2010; 23(2): 104-108.

Tawfeek H.I., Muhyaddin O.M., al-Sanwi H.I., al-Baety N. (2002): **Effect of maternal dietary vitamin C intake on the level of vitamin C in breastmilk among nursing mothers in Baghdad, Iraq.** Food Nutr Bull.2002 Sept.; 23 (3): 244-247.

Thiele DK, Senti JL, Anderson CM. (2013): **Maternal Vitamin D Supplementation to Meet the Needs of the Breastfed Infant: A Systematic Review.** J Hum Lact. 2013 Mar 4.

Thomas MR, Sneed SM, Wei C, Nail PA, Wilson M, Sprinkle EE 3rd (1980): **The effects of vitamin C, Vitamin B6, Vitamin B12, folic acid, riboflavin, and thiamin on the breast milk and maternal status of well-nourished women at 6 months postpartum.** Am. J. Clin. Nutr. 1980 Oct; 33 (10): 2151-2156.

NÜTZLICHE KONTAKTADRESSEN

PäPKi®
Päd. Praxis für Kindesentwicklung
Dr. Wibke Bein-Wierzbinski
Schanzengrund 42
21149 Hamburg
Tel.: +49-(0)40-219 47 61
paepki@gmx.de
www.paepki.de

Entwicklungs-und Lerntherapie nach PäPKi®: Prävention, Förderung, Aus- und Weiterbildung Bedarfsorientierte Ernährung und Bewegungsförderung

www.stillen.de
Ausbildungszentrum Laktation und Stillen
Kantor-Rose-Str. 9
D-31868 Ottenstein

hier können Sie unter der Rubrik „LaktationsberaterInnen“ eine Stillberaterin finden, die in Ihrer Nähe praktiziert

Nützliche Kontaktstelle bei Wochenbettdrepressionen:
Schatten & Licht e.V.
Obere Weinbergstr. 3
D-86465 Welden
Tel.: 0 82 93/96 58 64
Fax: 0 82 93/96 58 68
www.schatten-und-licht.de

Internetseiten von Verbänden und Berufsgruppen, bei denen man Hilfe und unterstützende Behandlungen bei Kopfgelenksdysfunktionen erwarten kann:

www.aegamk.de
Ärztegesellschaft für Manuelle Kinderbehandlung und Atlastherapie e.V. (ÄMKA)

www.bv-osteopathie.de
Bundesverband Osteopathie e.V.

www.dgmm.de
DGMM Deutsche Gesellschaft für Manuelle Medizin

www.manmed.de
EWMM European workgroup for manual medicine

www.osteopathie.de
VOD e.V. – Verband der Osteopathen Deutschland

www.paepki.de
Förderung im Handling eines Säuglings mit Asymmetrien und Bewegungseinschränkungen

Danksagung

Ein dickes Dankeschön möchte ich an meine drei Kinder richten, die einen wesentlichen Beitrag bei der Umsetzung der Bedarfsorientierten Ernährung im Alltag und beim Sammeln von Erfahrungen geleistet haben – auch, wenn sie das gar nicht mitbekommen haben.

Ganz herzlich möchte ich mich auch bei folgenden PäPKi®-Therapeuten bedanken, die bei der Erstellung dieses Buches behilflich waren.
Zu nennen sind: Susanne Biasio,
Sr. Maria Gabriela Franke, Karin Bings,
Christiane Heidbreder-Schenk, Lars Jürgensen,
Dorthe Kastens, Dr. Anne Knopp und Gunhild Schmidt.